Construtivismo
Grandes e pequenas dúvidas

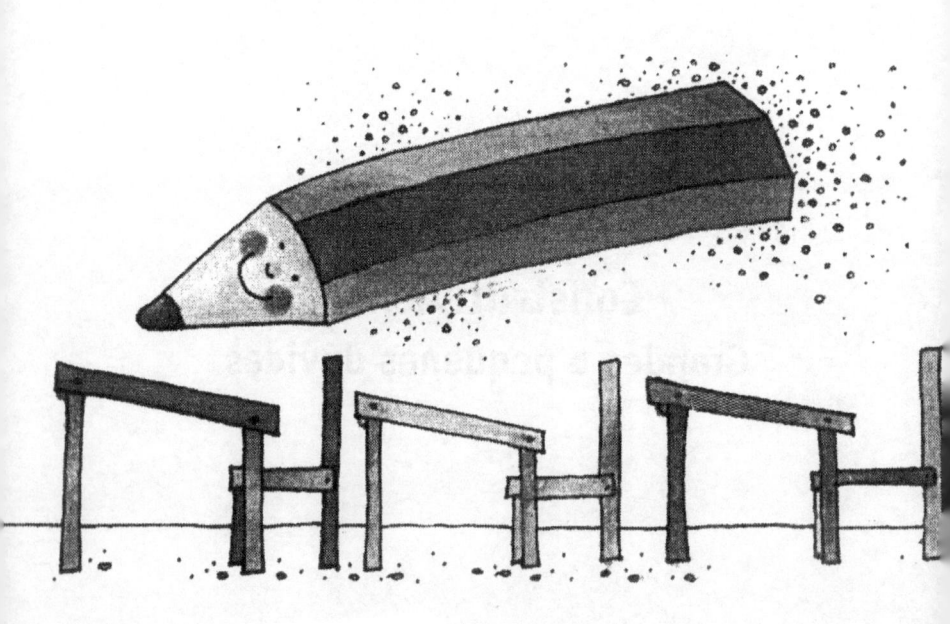

[ALFABETIZAÇÃO E LETRAMENTO NA SALA DE AULA]

Maria das Graças de Castro Bregunci

Construtivismo
Grandes e pequenas dúvidas

Ceale* Centro de alfabetização, leitura e escrita
FaE / UFMG

autêntica

Copyright © 2009 Ceale/FaE/UFMG

CONSELHO EDITORIAL
Magda Becker Soares (FaE-UFMG), Anne-Marie Chartier (INRP - Lion), Judith Green (University of California - Santa Barbara), Maria de Lourdes Dionísio (UMIHO - Braga), Elsie Rockwell (CINVESTAV - México), Cecília Goulart (UFF - Niterói), Maria Lúcia Castanheira (FaE-UFMG), Maria de Fátima Cardoso Gomes (FaE-UFMG), Ceris Salete Ribas da Silva (FaE-UFMG)

PROJETO GRÁFICO DE CAPA
Diogo Droschi

EDITORAÇÃO ELETRÔNICA
Luiz Flávio Pedrosa

REVISÃO
Dila Bragança de Mendonça

Ilustrações: p. 2, 65, 66, 96: © Cláudio Martins (Letra Viva – Programa de Leitura e Escrita de Maria Alice Setúbal, Beatriz Lomônaco, e Izabel Brunsizian, 1994, Formato Editorial)

Revisado conforme o Novo Acordo Ortográfico.

Todos os direitos reservados pela Autêntica Editora.
Nenhuma parte desta publicação poderá ser reproduzida, seja por meios mecânicos, eletrônicos, seja via cópia xerográfica, sem a autorização prévia da Editora.

AUTÊNTICA EDITORA LTDA.
Rua Aimorés, 981, 8º andar . Funcionários
30140-071 . Belo Horizonte . MG
Tel: (55 31) 3222 68 19
Televendas: 0800 283 13 22
www.autenticaeditora.com.br

COMISSÃO DE PUBLICAÇÃO DO CEALE
Aracy Alves Martins
Francisca Izabel Pereira Maciel
Maria de Fátima Cardoso Gomes
Maria Lúcia Castanheira

CEALE • Centro de Alfabetização, Leitura e Escrita da Faculdade de Educação – UFMG
Av. Antônio Carlos, 6627
31270-901 Belo Horizonte – MG
Tel: (0xx31) 3409 5333
Fax: (0xx31) 3409 5335
E-mail: ceale@fae.ufmg.br

Dados Internacionais de Catalogação na Publicação (CIP)
(Câmara Brasileira do Livro, SP, Brasil)

Bregunci, Maria das Graças de Castro
  Construtivismo : grandes e pequenas dúvidas / Maria das Graças de Castro Bregunci. -- Belo Horizonte : Autêntica Editora ; Ceale, 2009. – (Coleção Alfabetização e Letramento na Sala de Aula)

  Bibliografia.
  ISBN 978-85-7526-412-6

  1. Construtivismo (Educação) I. Título. II. Série.

| 09-05930 | CDD-370.15 |

Índices para catálogo sistemático:
1. Construtivismo : Psicologia educacional 370.15

Sumário

Apresentação 7

Construtivismo: grandes e pequenas dúvidas
(70 pontos básicos trocados em miúdos) 11
O que é 11
Campo de aplicação 16
O método 21
O professor 27
Algumas comparações 32
O construtivismo e o aluno 36
Avaliação do aluno 40
Limites e disciplina 45
A perspectiva linguística: novas questões
para além da psicogênese 46

Construtivismo e alfabetização: produção,
socialização e apropriação do conhecimento 57

Introdução 57

Produção teórica sobre construtivismo e socialização
do conhecimento: uma visão do percurso 58

A epistemologia genética de Piaget como núcleo fundante ... 59

A vertente sócio-histórica do construtivismo:
confronto ou complementação? 63

A psicogênese da aquisição da escrita como ponte
para a prática pedagógica 65

Para além da psicogênese da alfabetização:
as questões apresentadas pela linguística 70

A transposição do construtivismo para a
educação: críticas e tendências 73

A prática pedagógica construtivista:
a construção do conhecimento pelo professor 75

Referências 81

Bibliografia comentada 85

Apresentação

A primeira edição desta obra ocorreu há 13 anos, quando o construtivismo se consolidava, sobretudo no Brasil, como campo fértil em produções, práticas e polêmicas. Entretanto, a apropriação desse ideário pedagógico ultrapassa largamente o marco temporal; afinal, já podem ser contabilizadas três décadas de socialização dos primeiros estudos psicogenéticos relacionados à aquisição da escrita, coordenados por Emília Ferreiro, traduzidos e disseminados por pesquisadores e educadores brasileiros há mais de 20 anos!

Retomar essa temática poderia sugerir certa redundância ou exaustão diante do volume de releituras teóricas e explorações empíricas já acumuladas nesse percurso. Percebe-se, contudo, que permanece instigante o desafio da reflexão sobre dilemas e defasagens entre a produção do conhecimento teórico e sua apropriação por profissionais imersos nas práticas pedagógicas cotidianas. As indagações e as angústias compartilhadas por educadores(as) – sobretudo na escolarização inicial – nos reapresentam dúvidas sobre as dificuldades inerentes às articulações entre teoria e prática e evidenciam que, por mais que avancemos em ambos os campos, não nos desvencilhamos de incômodas contradições.

A reedição deste volume preserva os objetivos de sua produção original, ou seja, legitimar a interlocução com educadores(as) brasileiros(as), em suas múltiplas formas de ser e atuar: aquela que persegue propostas pedagógicas alternativas, comprometidas com a qualidade crescente do ensino, independentemente das oscilações das políticas públicas e dos projetos institucionais; aquela que sofre com pressões e rótulos impostos por arautos da vanguarda e se sente expropriada da experiência já consolidada, mesmo quando bem-sucedida; aquela que resiste à mudança, por múltiplas razões – fundadas seja em suas convicções pessoais, seja em seus processos parciais de formação, seja em suas precárias condições de trabalho, seja nas contradições inerentes à prática.

Tendo em vista pretensão tão ampla, esta pequena obra é, com certeza, excessivamente simples e insuficiente. Entretanto, ela já é produto (re)elaborado a partir de inúmeros processos de interlocução com educadores(as) e alfabetizadores(as) em encontros, eventos e diversos processos de formação continuada. Um produto que se materializa de forma limitada e condensada em função de demandas originalmente propostas para tal abordagem, mas que revela plasticidade de reflexão, seja no contexto da própria escola, seja na difícil tarefa de dar visibilidade a suas práticas nas interações com seus destinatários.

Será mantida a estrutura escolhida para a edição original, sob a forma de três gêneros textuais ou três vertentes de contribuições para a discussão da temática.

A primeira vertente – núcleo desta produção – se apresenta sob a forma de **entrevista**. As 70 questões nela reunidas não configuram, porém, um autoexercício de supostos problemas e dilemas. Foram, originalmente, propostas pela revista *Nova Escola*, como subsídio para matéria sobre **Construtivismo**, inspirada nas dúvidas mais recorrentes de seus leitores-educadores e, principalmente, professores do ensino fundamental.[1] Posteriormente, a abordagem condensada por aquele periódico foi ampliada e publicada pelo Centro de Alfabetização, Leitura e Escrita (Ceale) da Faculdade de Educação da UFMG, no contexto da socialização de suas pesquisas sobre o tema, articulado ao processo de alfabetização.[2] Além disso, algumas questões foram retiradas em razão de sua superação ou exaustão; outras foram acrescidas por demandas de educadores(as), evidenciadas em processos de formação ou em interlocuções pertinentes a linhas de pesquisa compartilhadas com outros parceiros de trabalho.[3]

Uma segunda vertente se apresenta como **fundamentação teórico-conceitual** de alguns dos pressupostos do construtivismo, levando-se em conta o percurso de sua produção e de sua apropriação na prática pedagógica, especialmente no campo da alfabetização. Tal adendo se justifica pela concisão de tratamento das bases teóricas no corpo da entrevista.

[1] O tira-teima do construtivismo: 50 grandes e pequenas dúvidas esclarecidas. *Nova Escola*, ano X, n. 82, p. 8-13, mar. 1995.

[2] A edição original do primeiro *Caderno Ceale* (Coleção Intermédio) foi produzida em parceria com a Formato Editorial (1996), integrando a entrevista anterior a uma ampla pesquisa sobre o tema: "Confronto entre a produção científica sobre construtivismo e alfabetizacão e a prática pedagógica na escola pública". Magda Becker Soares, Maria Auxiliadora Mattos Pimentel, Dóris Anita Freire, Maria das Graças de Castro Bregunci. Belo Horizonte: Ceale/INEP, 1993.

[3] Para a proposição e a discussão de novas questões com foco linguístico, esta edição contou com a colaboração da Prof.ª Idalena Oliveira Chaves, coordenadora da pesquisa "Letramento e formação de professores na era pós-construtivista: impactos nas classes de alfabetização", desenvolvida com alunas do curso de Pedagogia do Centro Universitário de Belo Horizonte (UNI-BH), 2007-2008. Participaram desse levantamento as acadêmicas Magna de Magalhães, Alcione Aparecida Ferreira, Cláudia Maria Lobo Siqueira, Polyanna Phillips, Aline Tadeu, Kelly Tainara.

Dessa forma, o(a) leitor(a) interessado(a) na identificação de pressupostos apenas apontados na primeira parte poderá se reportar a essa segunda seção como guia para seu aprofundamento posterior.

Finalmente, a terceira vertente inserida neste volume é uma **bibliografia comentada** e ampliada nesta edição. Permanece, nesse aspecto, o objetivo de localização do(a) leitor(a) no campo temático, bem como o aprofundamento em contribuições mais recentes, que possam colaborar com a formação e a atuação dos(as) educadores(as).

O que o conjunto dessas vertentes pretende provocar é exatamente isto: o permanente debate em torno dos modelos a que sempre fomos expostos, dos ideários ou doutrinas que assimilamos – mas também ampliamos e recriamos – e das práticas pedagógicas que, no nível subjetivo e no coletivo das instituições, exigem a contínua reflexão, o replanejamento consistente, o compromisso irrestrito com o sucesso escolar.

Construtivismo
Grandes e pequenas dúvidas
(70 pontos básicos trocados em miúdos)

O que é

1) Como o construtivismo surgiu?

Teoricamente, o construtivismo teve suas bases psicológicas estruturadas na primeira metade do século passado (principalmente se considerarmos as obras fundamentais de Piaget na década de 1950 e dos psicólogos soviéticos na década de 1920).

As verdadeiras pontes para a prática pedagógica se consolidaram, porém, com as produções sobre a psicogênese da aquisição da língua escrita por Emília Ferreiro e colaboradores a partir do final da década de 1970.[1]

2) Quando ocorreu sua maior difusão?

Os movimentos de difusão teórica e apropriação nas práticas pedagógicas são fenômenos típicos e mesmo dominantes na década de 1980. A América Latina é o campo reconhecido como de rápida e imediata expansão, com destaque para os casos da Argentina e do Brasil, que agregaram núcleos de

---

[1] Essas bases psicológicas são revistas e sintetizadas na segunda parte deste volume.

pesquisadores, centros experimentais e de formação continuada, redes públicas receptivas à proposta e algumas escolas particulares inovadoras, que também se constituíram como núcleos de formação e difusão dessa abordagem.

3) O construtivismo é um método de ensino, no sentido de sequência de etapas a ser seguidas?

Construtivismo não é, em primeira instância, um método de ensino – menos ainda na acepção prescritiva convencional de método como sequência de etapas. Contudo, não existe (ou não deveria existir) nenhuma incompatibilidade entre esse referencial e as metodologias pedagógicas ou os princípios metodológicos. Na obra *Os filhos do analfabetismo*, Emília Ferreiro (1990) comenta as evidentes diferenças entre as necessidades da pesquisa básica e as da prática educativa, compreendendo perfeitamente que os usuários das pesquisas delas se apropriem para fins pedagógicos prementes, urgentes e operacionais.

Hoje, após trinta anos de grandes polêmicas em torno da questão do método, a compreensão da complexidade dos processos de ensino e aprendizagem exige uma postura pedagógica que integre princípios metodológicos capazes de contemplar essa complexidade, o que ultrapassa o domínio de apenas um deles.

4) O construtivismo é uma pedagogia ou uma doutrina?

No contexto educacional o construtivismo pode ser entendido como uma tendência epistemológica, ou seja, uma teoria do conhecimento, ou como um ideário pedagógico, ou uma teoria psicopedagógica de aprendizagem e ensino. O termo "doutrina" não se aplica a sua proposição original, mas esteve associado ao caráter dominante (ou hegemônico) desse paradigma em determinados contextos de pesquisas ou práticas educativas. Assim, vários teóricos se referiram criticamente ao construtivismo na década de 1990 com expressões como "moda passageira", "onda avassaladora", "pedagogia invisível", "regressão conservadora",[2] entre outras.

5) O que é construtivismo? Quais são suas grandes características?

Construtivismo é uma concepção ou uma teoria pedagógica que privilegia a noção de "construção" de conhecimento, efetuada mediante interações entre o *sujeito* (aquele que conhece) e o *objeto* (sua fonte de conhecimento). Essa concepção busca superar as concepções que focalizam apenas o empirismo (condições ligadas a percepções ou à estimulação ambiental) ou à pré-formação de estruturas (condições ligadas a aspectos inatos ou advindos da maturação).

Por entender tal construção como gênese, elaboração ou equilibração contínuas, a teoria valoriza ainda as noções de atividade do sujeito em suas relações com o meio de conhecimento, de conflito cognitivo, de compreensão de erros e defasagens como hipóteses ou momentos construtivos da aquisição de conhecimentos.

Desses pressupostos decorre uma postura pedagógica que se opõe à rigidez e à padronização de avaliações, de enturmação, de relações pedagógicas e de prescrição de materiais didáticos extrínsecos aos interesses e aos contextos socioculturais de aprendizagem.

6) Muitos desses preceitos já não eram adotados antes do surgimento do construtivismo por professores e escolas de excelência e pelos adeptos da "escola nova"?

É verdade que muitos preceitos compartilhados por construtivistas já eram adotados por profissionais e escolas de excelência que não se classificavam como tal.

---

[2] Expressões utilizadas por SILVA (1993).

Vale lembrar que o construtivismo, embora dominante em nosso contexto, a partir das décadas de 1970-80, teve sua matriz teórica sistematizada na década de 1950, especialmente a epistemologia genética piagetiana, que, ao lado de outros ideários, como o da "escola nova" ou da "pedagogia renovada", iria perpassar inúmeras tendências e propostas pedagógicas.

Inúmeras dessas tendências focalizavam também a atividade e o interesse do aluno, mas careciam de um eixo epistemológico. Vários princípios da "pedagogia ativa", por exemplo, privilegiavam a "autoestruturação", reservando ao sujeito o papel de "artesão de sua própria construção" e enfatizando métodos individuais de descoberta ou invenção. Vê-se, por aí, que a ideia de "heteroestruturação" – que supõe a construção mediada por outros agentes ou sujeitos – nem sempre está contida na noção de "atividade", um dos valores pedagógicos mais universais, em diversas abordagens teóricas.[3]

7) Existem diferentes correntes construtivistas? Em que diferem?

Pode-se afirmar que as condições históricas de produção do construtivismo e as formas de apropriação da teoria na prática pedagógica desembocaram em correntes diferenciadas. Insiste-se ainda hoje em uma distinção entre o "construtivismo piagetiano" e o "sociointeracionismo soviético", como opções de conveniências ou convicções psicopedagógicas. É verdade que aproximações ou diferenciações devem ser feitas a partir dos pressupostos epistemológicos que fundamentam cada vertente. Contudo, é importante admitir que, para a atuação de educadores nos complexos desafios escolares, há ricas possibilidades de complementação pedagógica de uma abordagem por outra.

---

[3] As noções de autoestruturação e heteroestruturação são discutidas em: NOT (1979).

Além disso, outros confrontos continuam se evidenciando, mesmo com o passar do tempo: entre correntes que focalizam déficits cognitivos e outras que acentuam as diferenças de desempenho; entre as que sequer se colocam a questão metodológica e outras que postulam intervenções pedagógicas pontuais muito particulares, sem observação de contextos mais amplos ou de avaliações mais abrangentes.

Ainda são comuns expressões como "construtivismo pós-piagetiano" e "psicopedagogia da intervenção" como sinalizadoras de direções ou rumos pretendidos como vanguarda e superação de posturas consideradas tradicionais.

Percebe-se, contudo, que tais designações representam tentativas de correção de rotas iniciais, ou seja, de ajuste de distorções ou interpretações parciais que não atendiam aos anseios pedagógicos mais complexos.

Sem qualquer apologia ao ecletismo ou ao sincretismo teórico, é possível admitir que nenhum construtivismo pode ser exclusivamente piagetiano ou inspirado de forma hegemônica em qualquer outro modelo teórico. E muito menos poderá ser pautado por uma prática solitária ou avessa a intervenções pedagógicas.

8) Todo ensino que não seja construtivista pode ser considerado tradicional? Há inovação em outras linhas pedagógicas?

A identificação de construtivismo com o "novo" ou com a vanguarda – e de todas as demais posturas pedagógicas como "tradicionais" ou arcaicas – decorre do caráter doutrinário associado ao domínio dessa corrente, no período de seu maior impacto. Essa dicotomia é equivocada, pelas seguintes razões:

- não existem práticas pedagógicas absolutamente homogêneas ou consistentes em termos de uma só base epistemológica, sem contradições ou lacunas;

- a cisão construtivismo x tradicional costuma separar também teoria e método, além de negar a experiência acumulada por profissionais que consolidaram práticas diferentes, porém sérias, comprometidas e bem-sucedidas;
- é no espaço coletivo da escola que essas diferenças teóricas e metodológicas poderão ser ponderadas, equilibradas e superadas em suas contradições ou em seus supostos vestígios tradicionais. Hoje admitimos que há princípios metodológicos "clássicos", que devem ser mantidos nas práticas educativas desde a alfabetização. E eles não podem ser confundidos com o tradicionalismo, sob pena de perdermos a direção e as metas de nosso ensino.

Campo de aplicação

9) O construtivismo se aplica só na alfabetização?

Como concepção epistemológica mais geral, o construtivismo não foi sistematizado exclusivamente para o campo da alfabetização, e sim como matriz aplicável a qualquer campo de conhecimento, na perspectiva da aquisição individual e da construção social.

O que ocorreu é que as "pontes" entre a teoria e a prática pedagógica foram gradualmente produzidas por pesquisadores de diversas áreas do conhecimento, em momentos não simultâneos e com focos específicos, resultando no que conhecemos como "psicogêneses" (da aquisição da língua escrita, dos conceitos matemáticos e científicos, das noções de tempo, espaço, moralidade e outras aquisições).

Assim, campos sistematizados ou com maior produção de pesquisas "construtivistas" em cada uma dessas questões foram considerados privilegiados por essa aplicação. Acrescente-se a isso o fato de que as condições do trabalho escolar dificultam uma abordagem contínua e mais consistente de todas as áreas do conhecimento, que perpasse todos os níveis de ensino. Por essa razão, muitas experiências construtivistas centradas na educação infantil e nos processos ou ciclos de alfabetização sofrem rupturas – e acabam sendo substituídas por outras perspectivas teóricas nos níveis mais avançados de escolarização.

10) Como o construtivismo interpreta as garatujas?

As garatujas são interpretadas pelo Construtivismo como expressões de hipóteses elaboradas pela criança sobre o sistema de representação da escrita. Como esse sistema é culturalmente consolidado, precisa ser mediado e desvendado por outros nele iniciados, até ser aceito pela criança como um sistema de signos que não poderão ser criados livremente ou reinventados infinitamente, sob risco de não se tornar comunicável a outros.

Emília Ferreiro, ao pesquisar a psicogênese dessa aquisição, procurou ver nas garatujas do nível "pré-silábico" não apenas os aspectos gráficos (traços, uso de espaço, etc.), mas também os construtivos (diferenciações entre representações).[4]

É preciso lembrar, contudo, que essa não é uma invenção do construtivismo da década de 1970. Luria, o pesquisador soviético da mesma questão, publicara, em 1929, o artigo "O desenvolvimento da escrita na criança" (1991) (divulgado, entre nós, somente seis décadas depois), no qual explicitava as concepções da criança em relação à escrita, desde os níveis mais elementares até a diferenciação de signos. As garatujas eram por ele consideradas parte dessa "pré-história" da escrita, o que se coaduna perfeitamente com as formulações posteriores de Emília Ferreiro.

Os problemas relativos às interpretações das garatujas somente ocorrem quando o professor não percebe seu papel mediador – o de estimular a passagem para níveis mais

---

[4] Os níveis da psicogênese da aquisição da escrita descritos por Emília Ferreiro serão retomados na segunda parte desta obra.

avançados, em termos dessa diferenciação de signos sempre culturais. Nenhum professor *ensinará* a garatuja – apenas a *respeitará* como primeira manifestação espontânea e tentará interpretar suas marcas de significado, as projeções de sentidos nas leituras possíveis à criança, como ponto de partida para os avanços seguintes.

11) Por que o construtivismo faz restrição tanto ao treinamento preparatório para a alfabetização infantil quanto à prontidão?

O construtivismo rejeita o treinamento preparatório ou a classificação de alunos a partir da avaliação de seus estados de "prontidão", porque tais práticas são incompatíveis com seus pressupostos de base. Afinal, essa abordagem teórica rejeita a explicação de que o conhecimento se origine de estruturas aprioristas ou pré-formadas e que a aprendizagem se explique por processos apenas perceptomotores e mecânicos.

Como já enfatizado, a garatuja não deve ser treinada, e a repetição mecânica do traço sem significado não é condição para a aquisição de contextos mais significativos. Logo, discriminar aprendizes ou alunos em processo inicial de alfabetização por causa de seus estados prévios de prontidão é negar qualquer ideia de gênese ou de possibilidade de novos estados de desenvolvimento e de aprendizagem.

Da mesma forma, deixar tais alunos em classes especiais ou em turmas preparatórias – seja qual for a designação – é cristalizar um estado atual e transitório como se fosse estático e definitivo. Essa crítica não significa, contudo, que se deva ignorar a base necessária seja à alfabetização, isto é, as capacidades e as habilidades iniciais que toda criança precisa desenvolver em relação ao uso do espaço, à legibilidade de sua escrita, à apropriação de convenções do sistema de escrita e aos conhecimentos linguísticos. Elas serão resultantes das oportunidades propiciadas pelas mediações de outros (professores, colegas, adultos em geral), nas interações da criança com inúmeras situações de letramento.[5]

12) O construtivismo se aplica à alfabetização de adultos? Em caso positivo, que adaptações requer?

Inúmeros pesquisadores têm confirmado a existência, em adultos, de níveis psicogenéticos na aquisição de conhecimentos que indicam processos e hipóteses sobre o sistema de representação da escrita. Não se trata, entretanto, de mera reprodução dos níveis da criança. O adulto pode ser analfabeto, mas possui uma longa história ou trajetória. Já se encontra inserido, em larga escala, no mundo letrado e no mundo do trabalho, o que lhe confere exposição maior a instrumentos e símbolos culturalmente desenvolvidos, mediados por diversos signos e com sentidos socioafetivos diferenciados.

O construtivismo pode ser pertinente a esse campo exatamente neste ponto: estar no mundo letrado não é suficiente para a passagem para patamares mais avançados – é preciso que a relação desse sujeito seja com um "meio de conhecimento", como nos lembra Piaget. E isso só ocorre por meio de interações efetivas com objetos, recursos, pessoas, instrumentos específicos desse conhecimento. Esse foi, aliás, o núcleo da proposta pedagógica de Paulo Freire, ao insistir nas formas de apropriação do conhecimento pelo próprio sujeito, a partir de sua inserção concreta no contexto sociocultural – até o momento em que a palavra apreendida, lida e escrita se torne, de fato, a "sua" palavra. E esse é o cerne de uma proposta construtivista.

---

[5] A apropriação e os desdobramentos da noção de letramento ocorreram no contexto brasileiro de forma simultânea à difusão do construtivismo, nas últimas três décadas. Entendido como processo que complementa e amplia o processo de alfabetização, o letramento refere-se a práticas e contextos sociais que envolvem os usos da leitura e da escrita.

13) O construtivismo se aplica às séries mais avançadas do ensino fundamental?

Em tese, o construtivismo se aplica a qualquer nível de escolaridade, como já enfatizado. Muitas vezes se descarta essa possibilidade de forma taxativa como se algumas áreas e faixas etárias excluíssem a construção de conhecimento pelos alunos. Mas é preciso lembrar que essa construção não é um processo acumulativo e exaustivo. Não se trata de "reconstruir" todo o sistema de escrita ou todas as ciências físicas e exatas, ou toda a história, etc. Se assim fosse, currículo algum esgotaria conceitos e teorias sistematizados pela humanidade em sua sociogênese – ou seja, no processo de consolidação de conhecimentos produzidos nas relações sociais.

Na prática, há inúmeras pesquisas e experiências bem-sucedidas no ensino de história, geografia, matemática e ciências, centradas em estilos interativos de aprendizagem, em modos operatórios de desenvolver conceitos nessas áreas, em articulações entre conceitos cotidianos e científicos, em mediações pedagógicas relevantes nesses campos. Tudo isso revela a pertinência dessa abordagem a processos mais avançados de escolarização formal em qualquer área de conhecimento.

Assim, pode-se supor que os problemas constatados são decorrentes da descontinuidade de nossas posturas ou práticas pedagógicas e das pressões do sistema em termos de acúmulo de conteúdos – além, certamente, da competitividade entre níveis e instituições de ensino.

14) O construtivismo se aplica ao ensino médio?

A resposta a esta questão é apenas um desdobramento da anterior, mas é importante fazer um complemento. Como já se salientou no início desta entrevista, vários críticos situados na vertente sociológica já classificaram o construtivismo como uma das "pedagogias invisíveis", preocupadas mais com processos do que com produtos. Usam tal argumento para justificar o suposto insucesso desse ideário em níveis mais elevados do ensino.

É preciso reiterar que, quanto mais se aproximam as perspectivas de ascensão na trajetória escolar e de inserção no mundo do trabalho, maiores são os requisitos quanto aos tempos e ritmos escolares – e as pressões "conteudistas" e se tornam cada vez mais evidentes.

Em síntese: há possibilidades teóricas de aplicação construtivista também em níveis mais avançados de escolaridade; porém, condições sociais e estruturais passam a demandar outros modelos pedagógicos, mais compatíveis com formas empiristas de transmissão de conhecimentos do que com concepções construtivistas.

O método

15) O aluno formado pelo construtivismo fica com melhor raciocínio, com mais senso crítico, porém mais fraco de conhecimento?

Se o aluno egresso do modelo construtivista evidenciar apenas potencial e instrumental para conhecer, mas não uma efetiva consolidação de conhecimento, esse seria um indício de nosso fracasso nas próprias bases da proposta. E talvez tenhamos fracassado em inúmeras dimensões, nas últimas décadas, a julgar pelos indicadores de desempenhos de nossos alunos – muitas vezes mais fluentes e desembaraçados em seus processos de aprendizagem, mas evidenciando produtos aquém dos patamares esperados.

Portanto, a retomada de princípios revela-se atual e necessária. A abordagem construtivista pretende e precisa chegar aos níveis de consolidação de conhecimento, e não apenas ao conhecimento virtual ou possível. Além disso, raciocínio e senso crítico não podem estar descolados de objetos de conhecimento e de contextos de uso; não são instrumentos que se exercitam no vazio.

16) Como o construtivismo transmite o conhecimento não passível de ser deduzido ou experimentado ("construído") pelo aluno, como acidentes geográficos e fatos históricos?

Como já enfatizado em outras circunstâncias, se tivéssemos que esperar que os alunos deduzissem ou experimentassem, por si mesmos, todos os conhecimentos sistematizados por nossa sociogênese e formalizados pelas ciências até a atualidade, seria inviável qualquer (re)construção. O construtivismo só pode propor, quase de forma exemplar, os processos pelos quais tais conhecimentos foram historicamente produzidos nos diversos campos, cuidando para que não se transmita ao aluno apenas o estágio final dessa sistematização (por exemplo, apenas o algoritmo matemático, apenas os níveis mais avançados das taxionomias ou grandes classificações, apenas as relações oficiais de fatos, heróis, etc.).

A compreensão da gênese dos processos, em nível individual ou social é o núcleo; porém, *exemplos* e *contraexemplos, generalizações e abstrações* também são propostas construtivistas e supõem que não seja preciso vivenciar todos os processos em primeira mão, para se chegar a conceitos e compreensão abstrata.

Além disso, a *memória* não foi destituída de valor pelo construtivismo, e sim a ausência de significado e de suporte conceitual na aquisição do conhecimento. A memória, como função psicológica superior, sempre ocupará seu lugar cognitivo importante em todas as áreas de conhecimento e de atuação humana.

17) O construtivismo requer mais atenção individual ao aluno do que outras linhas de ensino?

O construtivismo supõe uma atenção maior do(a) professor(a) ao aluno, na perspectiva da interpretação de seus processos e suas relações com o conhecimento e com o outro. Supõe, acima de tudo, um olhar de respeito por esse sujeito e pela gênese de suas funções cognitivas e afetivas, sempre no contexto social, e não como "ilha" de desenvolvimento. Seria inócuo um construtivismo sem mediação docente oportuna, capaz de alavancar novos estados, novas motivações, novas produções de sentido no campo de aprendizagem dos alunos.

18) Como o professor pode dar atenção individualizada em classes de 30 a 40 alunos?

Não há contradição entre atenção individual e atenção à classe coletiva. Uma não se justifica sem a outra.

A atenção do(a) professor(a) será "clínica" (na acepção metodológica psicogenética) apenas no sentido da sensibilidade a processos, avanços e regressões nas aprendizagens dos sujeitos concretos e singulares. Contudo, não há expectativa de que essa atenção seja terapêutica, no sentido específico do termo, pois essa não é a função de um(a) professor(a). É no coletivo de uma classe que os conflitos, as regulações de reciprocidade, os conceitos espontâneos ou mais sistematizados se revelam e se atualizam. E é no contexto de intersubjetividades que o indivíduo recebe do professor essa atenção pretendida. Até mesmo as revisões das produções dos alunos poderão se efetuar nesse contexto, com a respeitosa mediação docente, capaz de apontar no particular o que é de interesse de todo o grupo.

19) Por que o construtivismo contesta o estudo dirigido (etapas prefixadas de ensino e sequência rígida de conteúdos)?

O construtivismo apenas pode rejeitar o "estudo dirigido" enquanto prescrição feita de forma unilateral e *a priori* pelo professor, independentemente do contexto e dos níveis de aprendizagem dos alunos. Não se pode legitimar em nome do construtivismo uma postura de ensino sem nenhuma direção, sem intervenção docente, sem clasreza de conteúdos, sem princípios metodológicos e didáticos – enfim, sem planejamento e sem sistematização curricular.

20) Por que o construtivismo rejeita o uso da cartilha?

O construtivismo rejeita a cartilha apenas quando esta se operacionaliza de forma estereotipada em relação à aquisição da escrita e da leitura – ou seja, centrada em pseudotextos e em atividades mecânicas e transmissivas que comprometem os significados e os contextos sociais de uso. Assim, trata-se de uma crítica à concepção de língua, de texto, de aprendizagem e de ensino.

Seria um equívoco, portanto, apenas trocar a cartilha impressa, supostamente tradicional, por páginas reproduzidas na escola, com o mesmo estilo "acartilhado". O que se pretende é a instauração de uma nova relação com o significado sociocultural da escrita e da leitura, que vai muito além da mudança material de suportes ou portadores de textos.

21) Por que o construtivismo faz restrições ao uso do livro didático?

É preciso qualificar o tipo de livro didático rejeitado pelo construtivismo, como se afirmou anteriormente.

Rejeitar o livro didático pura e simplesmente é regressão obscura a um estágio pré-letrado de nossa civilização. Embora as distorções tenham sido comuns em muitas desconstruções iniciais, não faz sentido a rejeição à materialização instrumental do livro didático, mesmo porque esse suporte é fundamental ao trabalho docente e tem sido legitimado nos últimos anos, nas políticas públicas de avaliação e escolha de materiais destinados aos alunos.[6]

Os livros didáticos devem ser sempre analisados criticamente e selecionados em função dos contextos escolares mais diversos. Assim, devem passar pelo crivo da experiência

---

[6] A partir de 1995, o MEC institucionalizou a avaliação dos livros didáticos a ser escolhidos pelas escolas e distribuídos pelo Programa Nacional do Livro Didático (PNLD) com impactos significativos na produção didática brasileira mais recente.

acumulada por professores, para que seu uso seja reflexivo e constantemente reavaliado.

22) Por que o construtivismo faz restrição ao ensino de regras gramaticais?

Em relação às regras gramaticais, vale a mesma crítica dirigida a outros conteúdos: é preciso chegar à regra gramatical como decorrência do uso da língua em contextos diversos, seja pela reflexão sobre padrões observados, seja por sua aplicação a novas situações. Pouco adianta começar pela memorização das regras, de forma apenas transmissiva, como "guia para prevenção de futuros erros".

Se as situações de ensino não propiciarem intervenções nesse campo, a aprendizagem dos alunos permanecerá no nível espontaneísta, sem qualquer avanço – e os erros não se tornarão observáveis aos alunos.

Não se trata de investir em cópias exaustivas, mas de reforçar o que os linguistas têm nos proposto para isso: trabalho com pares ou pequenos grupos de palavras que mostrem padrões diferentes da língua, habilidade de usar o dicionário, comparação entre a fala, suas correspondências e diferenças na escrita, entre muitas outras possibilidades de trabalho centrado em conhecimentos e capacidades linguísticas. São muitos os recursos, e todos, pelo seu uso, terão que chegar à memorização de regras como ponto de chegada, e não de partida.

23) Por que o construtivismo rejeita a repetição de exercícios como meio de aprendizagem?

É preciso deixar bem claro que o construtivismo não jogou a memória na lata de lixo! Como já foi realçado, ela é uma função psicológica superior, e não algo desprezível, de menor valor cognitivo. Devemos muito dessa compreensão a Piaget, aos psicólogos soviéticos e aos atuais estudos das neurociências, que desvendam a memória como função complexa, transformada ao longo do desenvolvimento e influenciada pelos significados e pela linguagem.

Assim, o que se estimula no construtivismo é a superação de nossa "memória natural" ou elementar e o desenvolvimento de uma "memória mediada", sustentada por instrumentos e signos socialmente construídos.

A resposta a essa pergunta deveria ser, em síntese: o construtivismo não pode rejeitar a "memorização". Deve recusar, apenas, a falta de significado de exercícios e cópias, o acúmulo de informações inerentes à memória elementar; enfim, a repetição mecanicista e descontextualizada.

24) Por que o construtivismo faz restrições ao ensino da tabuada?

Também nesse aspecto pode estar mais realçada a recusa de uma estratégia mecânica destinada aos automatismos de memorização. Todos nós devemos chegar a tais automatismos para fins de nossos cálculos matemáticos ao longo da vida, nas situações de efetivo uso. O chamado "numeramento" corresponde, no campo matemático, ao letramento que se associa à leitura e à escrita. Porém, o ponto de partida deverá ser a contextualização do conhecimento, a compreensão do uso social dos conhecimentos e dos processos em foco. De posse dessa compreensão, nada contra a memorização – como decorrência natural do uso reiterado da operação, do fato, do algoritmo. Como já enfatizado, a memória é uma função superior e somente poderá ser realimentada se for utilizada!

25) Por que o construtivismo faz restrições ao ensino de fórmulas (em matemática, física, ciências)? Há algum momento de aprendizagem em que o construtivismo adote o uso de fórmulas e repetição?

As fórmulas têm de ser conhecidas como culminância operatória da compreensão dos processos. A questão central é a mesma das anteriores – precisamos chegar ao algoritmo matemático, e ele não é o ponto de partida, mas de chegada.

Todas as abordagens psicogenéticas valorizam o processo cognitivo que parte da ação do sujeito, transita pela representação simbólica e chega à operação (que também poderá ser designada como pensamento conceitual ou categorial).

Em relação às fórmulas, quando utilizadas e reutilizadas, serão também memorizadas, com maior significado e maior potencial de transferência a outras situações.

26) Há relação entre construtivismo e interdisciplinaridade?

O construtivismo apresenta estreita relação com práticas interdisciplinares. Não é viável nenhuma proposta dessa natureza que procure esgotar a compreensão dos processos de conhecimento por meio de um só campo: são necessárias as contribuições da antropologia, da história, da sociologia, da psicologia, da linguística e de suas interfaces na psicolinguística e na sociolinguística – enfim, de todas as áreas que possam nos ajudar a compreender, de forma mais integrada e ampla, as condições de aprendizagem e ensino dos conteúdos escolares. Como nenhum de nós pode ser polivalente a esse ponto, a alternativa é o trabalho interdisciplinar para todo e qualquer nível de ensino.

O professor

27) Em que difere e qual é o papel do professor do construtivismo?

O papel de um professor construtivista tem sido entendido como o de um mediador e equilibrador de situações de aprendizagem, de interações e conflitos que ocorrem em sala de aula. A principal diferença em relação a uma postura considerada tradicional consiste em aceitar que também o aluno possui um repertório de conhecimentos ao entrar na escola e continua nessa construção ao longo de sua trajetória escolar. Assim, cabe ao professor não apenas transmitir o que ele sabe ou o que já se encontra sistematizado, mas também compreender os conceitos e as vivências reveladas pelos alunos a partir de seu universo sociocultural.

Seria inadequado atribuir ao professor construtivista o papel de mero "facilitador" de aprendizagem, como tem sido comum. Essa postura pode ser confundida com um respeito apriorista e incondicional ao que o aluno traz consigo (maturação, aptidões, conhecimentos prévios), reduzindo a margem de mediação docente. A perspectiva de uma intervenção constante, com competência em conteúdos específicos e adequada organização do trabalho são tarefas pesadas, nem sempre facilitadoras, mas indispensáveis ao perfil docente.

28) O que é necessário para ser um bom construtivista?

Um "bom construtivista" deve possuir, além do perfil básico de qualquer bom professor, claros pressupostos sobre a natureza do conhecimento, entendendo que ele não se encontra pronto, pré-formado ou transmitido apenas por um agente externo ao aluno.

Deve tentar construir práticas coerentes com tais princípios na abordagem dos erros de seus alunos, nas avaliações, nas propostas dinâmicas de organização de grupos de trabalho. O(a) professor(a) construtivista é também proativo(a) – lida com expectativas positivas sobre desempenhos de seus alunos, capazes de projetar um cenário de sucesso.

29) Posso ser uma boa professora sem ser construtivista?

Há – e sempre houve – excelentes professores sem "rótulos" de construtivistas. Muitos até apresentam o perfil que acabamos de descrever, sem saber que o possuem, do ponto de vista teórico e epistemológico. São professores(as) "de sucesso", preenchem os requisitos pertinentes ao "fator professor" – um conjunto de elementos associados ao bom desempenho do aluno, capazes de superar até mesmo condições adversas, como a precariedade de muitos contextos escolares. Outros, ao contrário, se autorrotulam construtivistas, e suas práticas logo revelam uma mudança apenas no nível de discurso teórico, permanecendo com o modelo tradicional regulando suas ações, mesmo no nível inconsciente. As etiquetagens são perigosas e podem afastar profissionais sérios do que mais importa: a reflexão sobre os modelos aos quais sempre estivemos expostos e a necessidade de permanente reconstrução de nossas práticas pedagógicas.

30) O construtivismo requer talento do professor ("arte" de ensinar, sensibilidade para entender o aluno, etc.) em dose maior do que outras linhas de ensino?

Qualquer linha de ensino exige talento do professor, incluindo competência, sensibilidade, mediação.

Quando se pergunta se o professor construtivista precisa de uma dose maior desse talento, podemos indagar: seria só uma questão de quantidade ou de grau? Parece que se exige mais do professor construtivista (e ele mesmo se exige) em termos de qualidade de seu trabalho – como a necessidade de conhecer o aluno de forma mais global e a diversidade de situações ou projetos desafiadores, que exigem desdobramentos de tempo, formação contínua, planejamentos, replanejamentos.

31) Em condições iguais de falta de talento, qual é o professor menos danoso para aluno: o construtivista ou o tradicional?

Professor sem talento (no sentido de competência, capacidade de reflexão e sensibilidade) é sempre danoso, seja construtivista, seja tradicional. Ninguém se atreveria a dizer que um médico especializado em determinada linha ou corrente científica e de pesquisa seja mais danoso ao seu cliente do que outro. Todo um conjunto de procedimentos técnicos, éticos e humanistas teria que regular sua prática, em função de resultados explícitos – saúde e preservação da vida.

No caso do professor, embora as evidências de seu trabalho possam não resultar em "mortes" físicas e imediatas, os danos são bastante conhecidos em termos de marcas em histórias de vida concretas, em trajetórias muitas vezes atropeladas e interrompidas. Sem rótulos, diria que o professor danoso é o autoritário, insensível, incompetente – enfim, o lado não profissional ou patológico que pode estar presente em qualquer linha de ensino, mesmo quando se proclama o contrário.

32) É mais trabalhoso ensinar segundo a linha construtivista?

Temos insistido no ponto básico de que mais trabalhoso é ser competente, e não apenas ser construtivista. Para o construtivista que entende que tudo é "espontaneísmo", o trabalho é só o de ter sensibilidade em relação aos alunos, suas motivações, suas hipóteses e seus projetos.

Para o construtivista que alarga a compreensão de seu papel como articulador de experiências socioculturais diversas e de dimensões simbólicas, afetivas e cognitivas, com certeza, será imenso o investimento de estudo, tempo e energia.

33) O professor construtivista precisa de um coordenador ou supervisor pedagógico?

Qualquer professor precisa de orientadores, tutores, coordenadores – não no sentido de alguém que tenha uma SUPERvisão das questões pedagógicas ou que regule as práticas docentes de um ponto de vista externo, mas de um profissional capaz de funcionar como articulador dos projetos educativos, do trabalho e das relações no âmbito escolar e extrainstitucional. No caso de propostas construtivistas, nossas observações em contextos de pesquisa evidenciam que supervisores ou coordenadores competentes, por exemplo, são considerados indispensáveis pelos próprios professores, por sua capacidade de organizar o coletivo da escola, em termos de espaços para reflexão sobre práticas pedagógicas, planejamento, troca de experiências, qualificação de professores, busca de assessorias especializadas, e muitas outras conquistas.

34) É possível ser construtivista em uma escola tradicional?

É possível tentar assumir um perfil construtivista em uma escola tradicional, na "ilha" de autonomia que muitos professores insistem em enxergar na sala de aula. Ocorre que a proposta construtivista não se sustenta na soma de ilhas ou de práticas solitárias, mas no trabalho associado de produtores de conhecimento no coletivo escolar. Difícil, portanto, seria a sobrevivência ou a coerência de uma proposta individual em um todo alheio a qualquer mudança.

35) Existem manuais e cursos que ensinem a ser construtivista?

Existem obras com síntese de pressupostos construtivistas, relatos de experiências de sucesso nessa perspectiva e prescrições de práticas que podem até ser assumidos como "manuais". Contudo, a incorporação de princípios teóricos não é suficiente para mudar a nossa prática – e nunca o foi, em qualquer outro ideário ou referencial.

Como estivemos expostos aos modelos de certo tipo de escola ao longo de muitos anos, estão arraigados em nós procedimentos e posturas que só podem ser modificados com confronto crítico de experiências e trabalho reflexivo em direção a mudanças.

Cursos também podem oferecer bases a práticas construtivistas. Embora a teoria ajude a iluminar a prática, não podemos perder de vista o movimento igualmente construtivo em que a prática compartilhada pelos pares permite outra leitura teórica e novas formas de sua apropriação. Em outros termos: cursos demandados por problemas e lacunas da prática, estruturados como formação continuada são mais eficazes do que cursos genéricos ou descolados da experiência e das demandas do professor.

Algumas comparações

36) Que vantagens o construtivismo apresenta sobre outras linhas de ensino?

Algumas das principais vantagens do construtivismo, já reconhecidas por pesquisadores e profissionais envolvidos com suas propostas, são as seguintes:

- maior valorização do contexto sociocultural dos alunos e de seus níveis de elaboração de conhecimento;

- contato mais intenso e prazeroso com o universo da leitura e da escrita, com busca mais intencional de contextos de significados;

- postura mais flexível diante do erro, das avaliações processuais, das organizações de turma;

- organização do trabalho escolar em bases mais coletivas, maior investimento na qualificação profissional, maior compromisso com a superação do fracasso escolar.

37) Que desvantagens seriam apresentadas em relação a outras linhas de ensino?

Há ainda inúmeros problemas e rupturas nas práticas construtivistas, mas não é fácil definir se são desvantagens em relação a outras linhas de ensino. Poderiam também ser decorrência de reconstruções parciais realizadas nas práticas pedagógicas, em razão das condições concretas de trabalho dos professores.

Alguns dos problemas, já apontados por pesquisadores e críticos da proposta construtivista, seriam os seguintes:

- a descontinuidade do processo (tanto em termos de séries ou ciclos mais avançados quanto em termos de conteúdos ou áreas de conhecimento);
- a inconsistência ou a fragilidade de intervenções diante de determinados tipos de erros dos alunos (os ortográficos, por exemplo) ou processos de aquisição de leitura e escrita;
- a persistente dificuldade em relação aos contextos interativos dos alunos com modelos de organização ainda tradicionais (trabalho entre pares, agrupamentos e remanejamento de grupos ainda com critérios pouco precisos);
- os riscos de adiamento do fracasso escolar para séries ou ciclos posteriores, menos engajados na proposta construtivista do que os iniciais.

Por esse quadro bem global, percebe-se que esses não são problemas criados pelo construtivismo; mais sérios do que isso são os problemas resistentes, ainda não resolvidos pela proposta.

38) As outras linhas de ensino podem formar alunos tão bem ou mesmo melhor do que o construtivismo?

É possível. Mas temos que nos perguntar sempre: formar em quê? E com que custo?

Na perspectiva exclusiva do acúmulo de conteúdos e da competitividade em termos de competência, há – e sempre houve – instituições exemplares. Na linha da preparação para a ordem, a obediência, a disciplina e a adequação ao sistema, também há – e sempre houve – instituições exemplares.

O desafio que temos que nos colocar é múltiplo: conteúdos sistematizados com qualidade e não "barateados", com oportunidades de sucesso para quaisquer camadas sociais, em contextos disciplinados – porque não há trabalho algum sem disciplina – mas nem por isso desprovidos de prazer e autonomia – porque queremos cidadãos completos, e não parcialmente aptos para alguma coisa.

39) Piaget é construtivista?

Piaget é construtivista e assumiu tal designação, qualificando-a ainda de "construtivismo dialético", para marcar posição em relação a outras formas de construtivismo e distância em relação às formas de empirismo e apriorismo que ele rejeitou com veemência, ao longo de várias obras e pesquisas.

40) Freinet é construtivista?

Freinet é construtivista por afinidade de pressupostos e prática, embora não tenha se preocupado com a autorrotulagem.

A produção de textos hoje assumida como "construtivista" deve muitos tributos às propostas vanguardistas de Freinet e só podem lucrar com seu reconhecimento e apropriação.

41) Montessori é construtivista?

À medida que se avolumam questões dessa ordem, valeria a pena indagar: será fácil ou desejável etiquetar teóricos e educadores? Não seríamos todos, no nível do discurso, aspirantes a alguma forma de construtivismo?

Com risco de parecer muito simplista, poderíamos dizer que Maria Montessori apresentava ideias convergentes com o construtivismo quanto às noções de capacidade, atividade e necessidade da criança. Suas preocupações, contudo, foram muito mais práticas do que teóricas – ao contrário de Piaget. Sua grande ênfase naquilo que ela chamava de "ambiente preparado", destinado a "nutrir" o desenvolvimento mental carrega uma marca também empirista. Há ainda uma ênfase em aspectos de autoestruturação da criança, que nos lembram um trabalho com individualidades mais do que a dimensão social e interativa do construtivismo.

De qualquer forma, o que parece mais incômodo nessa discussão de rótulos ou etiquetas teóricas é que outros autores também apresentam ênfases – pelo menos em alguns momentos de sua produção – que os aproximam de outras correntes. E eles evoluem em sua construção teórica, seja pela própria psicogênese, seja pelas relações compartilhadas na sociogênese com outros produtores de conhecimento.

42) Vygotsky é construtiva?

Vygotsky é construtivista pelos pressupostos epistemológicos de sua abordagem, recusando também concepções polarizadas entre apriorismo e empirismo e centrando-se nos processos socioculturais e interativos. Embora não tenha proposto estruturas do desenvolvimento com a mesma formalização dos estágios piagetianos, seu enfoque inclui dimensões básicas como a gênese do conhecimento, a formação de conceitos, as funções da linguagem e muitas outras que vieram complementar e superar lacunas deixadas por outras bases teóricas do construtivismo.

Muitos críticos insistem em colocar Piaget e Vygotsky em planos totalmente diferenciados e até antagônicos, designando o primeiro de "construtivista" e o segundo de "sociointeracionista". Contudo, essa parece ser uma frágil distinção. Afinal, um construtivismo que não se ocupe do social ou da interação não merece esse nome e, se assim fosse, estaríamos desqualificando o construtivismo piagetiano.

43) Paulo Freire é construtivista?

Paulo Freire postula pressupostos e valores pedagógicos extremamente convergentes com o construtivismo. Suas elaborações vanguardistas sobre processos de conhecimento da realidade e de *tomada de consciência* a partir da ação concreta ou da prática social se aproximam das tendências mais elaboradas do quadro construtivista. As afinidades são muitas em relação à própria teoria piagetiana (há estudos que demonstram esse paralelismo[7]) e em relação às concepções sócio-históricas dos autores soviéticos.

Paulo Freire é exemplar, aliás, em termos de consistência entre teoria e prática efetivamente construtivistas, mesmo que essa designação não lhe tenha interessado.

O construtivismo e o aluno

44) O construtivismo forma o estudante mais rapidamente ou mais lentamente do que outras linhas de ensino?

Do ponto de vista do sistema educacional, o construtivismo não pode se dar ao luxo de formar o aluno mais lenta ou mais rapidamente. A pergunta insinua uma crítica muito comum: a de que o processo construtivista é lento, demanda mais tempo e, por isso, fica "para trás" – na perspectiva conteudista e competitiva do sistema. Já comentamos que muitos teóricos consideram o construtivismo uma das "pedagogias invisíveis", com conteúdos, ritmos, tempos e resultados pouco claros ou delimitados.

Esse desafio precisa ser radical: não vamos reconstruir todo o sistema de linguagem nem toda ciência já sistematizada e em construção. É preciso avançar na discussão da organização curricular, dos tempos e dos espaços escolares e da avaliação – o que felizmente já vem ocorrendo – para a devida superação dessa questão ainda mal resolvida.

45) Como a escola construtivista trata a ansiedade dos pais quando eles percebem que seus filhos estão atrasados em relação a crianças de outras escolas?

Na relação das escolas construtivistas com as famílias ocorrem duas posturas mais comuns: escolas particulares, com maior autonomia em seus projetos, buscam introjetar nos

---

[7] Ver: BECKER (1993).

pais segurança e confiança na proposta, indicando empenho e estudos em melhores direções. É como se dissessem: "Podem confiar em nós, porque temos um projeto consistente e sabemos o que é melhor para seus filhos". Entretanto, nessas escolas estão representados os pais com maior poder de cobrança – não só porque pagam pela educação, terceirizam várias funções e serviços agregados, mas também porque são mais escolarizados e letrados. E cobram, estarrecidos, as incongruências pedagógicas, as defasagens de conteúdos, os erros ortográficos não corrigidos e acumulados nos cadernos dos filhos, por exemplo.

Esse tipo de cobrança é diferente na escola pública. Os pais não chegam, em sua maioria, à cobrança das defasagens ortográficas porque o dilema maior ainda está na exclusão e no fracasso sucessivo dos filhos. Entretanto, a rede pública tem se revelado um espaço mais democrático e mais amplo nos contatos com as famílias, incluindo projetos de parceria e decisões colegiadas sobre novas propostas de trabalho.

46) Na hipótese de ser formado exclusivamente segundo o construtivismo, pode o aluno competir em igualdade de condições em vestibulares e concursos públicos?

Não é possível refletir sobre a escola construtivista como uma ilha de excelência ou de diferenciação em relação ao resto do sistema. Na verdade, não existem tais ilhas consistentemente mantidas por todo o ensino fundamental.

Teoricamente, o aluno deveria estar preparado para a vida, como um cidadão que sempre estará sujeito a provas, concursos e situações comuns a qualquer outro egresso da escola básica. Na prática, sabe-se que isso não vem ocorrendo, independentemente dos ideários ou das propostas pedagógicas adotadas.

47) Há crianças que não aprendem pelo sistema construtivista?

Em tese, a proposta construtivista deveria estar aberta a inúmeras alternativas e estratégias de ensino e a possibilidades reais de aprendizagem – logo, parece um paradoxo dizer que algumas crianças podem não aprender por esse processo.

Há, contudo, algumas distorções, que se encontram associadas a esse quadro. Por exemplo, no âmbito da educação infantil, é possível constatar, em certas instituições que se denominam construtivistas, algumas crianças bem novas, que se revelam já cansadas de "tanto brincar de letrinhas", fazendo referência ao mergulho exclusivo e cada vez mais precoce na sistematização da escrita, com pouco tempo para dimensões lúdicas indispensáveis a esse período – e que a escola, nesse nível, precisa propiciar!

Além desse "cansaço", não podemos ignorar que há dimensões sociais e emocionais que envolvem muito mais do que o espaço escolar e representam verdadeiros embargos aos processos de aprendizagem de certos alunos. Por exemplo, desestruturação familiar, violência doméstica, trabalho infantil precoce. Nesses casos, pensar que só a proposta construtivista seja suficiente para motivar alunos e estimular aprendizagens significativas é simplista demais.

Finalmente, mas sem esgotar a questão, é necessário reavaliar a postura construtivista na perspectiva metodológica. Muitas crianças não avançam em sua aprendizagem relativa ao domínio da escrita e da leitura em decorrência de um descuido com aspectos linguísticos que cheguem ao trabalho sistemático com unidades sonoras menores – como as sílabas e os fonemas. Muitas vezes, pela centração no trabalho com o texto, no prazer pela leitura e por outras importantes capacidades mais pertinentes ao letramento, deixa-se de investir em outros aspectos indispensáveis à aprendizagem desse complexo objeto de conhecimento.

48) A aplicação do construtivismo pode começar em casa, antes da escola? Como?

O construtivismo como postura educativa começa realmente antes da entrada da criança na escola. Se todas as elaborações teóricas defendem a gênese ou a psicogênese da aquisição dos conhecimentos e se esse processo se dá na interação com o mundo concreto em que a criança está inserida, é evidente que sua trajetória anterior faz parte dessa construção. Além disso, as convicções e as orientações familiares – etiquetadas ou não – fazem toda a diferença na trajetória posterior. Por exemplo, existem famílias "educógenas", para usar um termo da sociologia francesa, que investem e apostam no fator educação e marcarão significativa presença na vida escolar de seus filhos e na parceria com as demandas escolares. Há também famílias que estimulam a autonomia moral de suas crianças e reduzem, portanto, sua heteronomia – ou seja, sua dependência e submissão unilateral aos adultos. Existem ainda famílias atentas às diferenças (de gênero, raça, desempenhos), que exercitam essa sensibilidade nas suas próprias relações. Não se pode negar que esses aspectos também terão algum impacto nas trajetórias escolares de seus filhos, diante das atuais demandas de inclusão.

Esses são exemplos de aspectos explícitos ou latentes, que confirmam orientações construtivistas anteriores à entrada na escola.

49) Por que em algumas escolas construtivistas não se permite que os pais ajudem seus filhos nas tarefas de casa?

Escolas que não permitem que os pais ajudem os filhos nas tarefas de casa encontram-se na contramão dos pressupostos básicos do construtivismo, comentados anteriormente. Se a construção do conhecimento é um processo histórico e cultural, que começa antes mesmo de as crianças entrarem na escola, não faz nenhum sentido privá-las da interação com as famílias! Nenhum pretexto justifica isso, nem mesmo quando os pais são pouco escolarizados. Caso os pais sejam altamente escolarizados, também não se justifica a restrição: os conflitos cognitivos decorrentes de outras formas de interação e correção poderão ser ricas fontes de trabalho em sala de aula.

Não podemos, portanto, fazer o discurso teórico do respeito ao universo sociocultural da criança e expropriar os pais de sua experiência e influência.

Avaliação do aluno

50) Como é a avaliação do aluno no construtivismo?

No construtivismo, a avaliação procura levar em conta toda a dinâmica do ensino-aprendizagem – a ênfase recai em processos, aspectos qualitativos (e não só quantitativos), análise progressiva da natureza dos erros (e não só dos acertos). A grande diferença é a maior flexibilidade, incluindo possibilidades de enturmações progressivas ou intermediárias, reavaliação constante e replanejamento a partir dos níveis reais dos alunos.

51) Em que difere a prova (exame) construtivista?

A prova ou exame construtivista tem se revelado pouco diferente em seu aspecto mais formal, que pode ser expresso, inclusive, em termos quantitativos. As atuais propostas de avaliação ampliam as possibilidades de registro dos resultados das avaliações, por meio de notas, conceitos, observações, relatórios descritivos, portfólios, gráficos e outros instrumentos. Paradoxalmente, cada vez mais as condições de trabalho docente dificultam a análise detida desses resultados – especialmente quando se expressam de forma qualitativa e quando as intervenções exigem a interação individual mais detida com um aluno. Por isso, professores reservam esses trunfos a situações de dificuldades explícitas, especialmente quando precisam formar grupos menores para monitorar e acompanhar tais dificuldades. Certamente estão corretos nessas decisões.

Há, contudo, duas conquistas importantes: a elaboração da avaliação ou prova deixou de ser algo extrínseco ao contexto de determinada sala de aula, executada por especialistas e destinada a vários grupos indistintos. No cotidiano pedagógico, é o(a) professor(a) que passa a avaliar seus alunos em função de níveis efetivamente trabalhados. E, mesmo que se trate de uma avaliação sistêmica, construída com fins diagnósticos pela lógica de um olhar externo à escola, a postura construtivista requer a apropriação dos resultados pelo(a) professor(a) da turma, para que eles orientem sua tomada de decisões quanto à continuidade do processo.

Além disso, as avaliações começam a ser mais integradas, permitindo que diversos conteúdos sejam envolvidos em uma única avaliação, sem fronteiras artificiais. A ênfase na linguagem, principalmente na compreensão de enunciados, se sobressai, nesses contextos – e temos visto essa preocupação em diversas avaliações diagnósticas, para todos os níveis de ensino. Nesses casos, a ampliação das perspectivas de letramento do aluno, muito valorizada também pelo construtivismo, pode ampliar esse repertório de capacidades.

Contudo, essas são conquistas ainda incipientes, longe de se apresentar como consolidadas ou definitivas.

52) O que é o erro do aluno para o construtivismo?

Para o construtivismo, o erro é considerado como hipótese levantada pela criança, de acordo com as possibilidades reais ou atuais de seu nível de desenvolvimento – ou de sua psicogênese. Por expressar algo "observável" do desempenho da criança, o erro é considerado construtivo, instrumento para o professor conhecer melhor os processos e os níveis vivenciados pelos alunos.

53) O construtivismo não corrige o erro do aluno?

As primeiras formas de adesão ao construtivismo, aleatórias e espontaneístas, entendiam que o erro, por ser construtivo, deveria ser tolerado, respeitado e até não corrigido. Essa postura complacente se confundia, portanto, com a perspectiva apriorista de ensino, que valoriza muito mais a maturação e os ritmos subjetivos de aprendizagem do que a orientação pedagógica do processo.

As tendências atuais se voltam, cada vez mais, para a intervenção ou mediação pedagógica, tendo como foco a consolidação de capacidades, habilidades ou competências dos alunos. Em relação ao corpo docente, a busca de competências é igualmente valorizada, como se verifica pela expansão de sua formação e pelo aprofundamento em focos antes não visados. Por exemplo, no caso dos alfabetizadores, cada vez mais se valoriza a fundamentação em aspectos linguísticos, capazes de contribuir para intervenções mais precisas e bem-fundamentadas.

54) Há reprovação no construtivismo? Em caso positivo, o fracasso não seria do professor?

É verdade que ainda há "reprovações" no construtivismo, mesmo quando dissimuladas. Embora o fracasso e os altos índices de reprovação marcantes nas décadas de explosão construtivista, tenham mobilizado para a adesão a um projeto alternativo, continuam ocorrendo fracassos preocupantes. Três aspectos dessa questão merecem realce:

Em primeiro lugar, os dados de significativa parte da rede pública revelam reversão dos índices anteriores de reprovação. De 70 a 80% de reprovação, nas séries iniciais, há três décadas, passa-se atualmente para uma perspectiva mais prolongada para a consolidação da alfabetização, com possibilidades de maior sucesso ao término de um ciclo.

Em segundo lugar, é preciso não relaxar com aparentes sucessos, pois as descontinuidades nos processos podem acarretar adiamento de defasagens e retenção em anos ou ciclos mais avançados de escolaridade. Temos acumulado indicadores nacionais e internacionais preocupantes no que diz respeito à proficiência em leitura e escrita, em níveis de ensino que já deveriam apresentar essas capacidades consolidadas. Os baixos índices de *alfabetismo funcional*, ao término do ensino fundamental, são exemplos desse insucesso.[8] Portanto, estamos valorizando os aspectos positivos de um projeto e de uma

---

[8] O alfabetismo funcional refere-se à presença de capacidades de leitura e escrita em situações sociais que demandam seu efetivo uso, ou seja, na leitura e na produção de textos na escola e na vida cotidiana. Nesse sentido, essa concepção se sobrepõe à noção de letramento, e ambas têm sido utilizadas como sinônimos. Uma discussão sobre esta questão pode ser encontrada em: RIBEIRO (2003).

proposta, mas colhendo resultados empíricos que ainda nos desafiam a rever práticas de ensino e de avaliação.

Por último, as "promoções automáticas" são tão maléficas quanto as reprovações, pois alertam para o fracasso do professor e do sistema. Elas foram fortemente responsáveis por estatísticas de sucesso de sistemas de ensino, ocultando fracassos singulares de nossos alunos. Foram também responsáveis por um sentimento de expropriação da função de avaliação, por parte de nossos(as) educadores. E é exatamente essa prerrogativa importante que precisa ser retomada com consistência – a avaliação do desempenho dos alunos, para que as escolas e os sistemas reavaliem suas condutas pedagógicas e reorientem processos e decisões em sintonia com o sucesso.

55) Por que os alunos transferidos de uma escola construtivista para outra não construtivista, frequentemente não conseguem acompanhar a nova turma?

As inadaptações ou os conflitos ocorrem com frequência em casos de transferências de alunos de instituições com sistemas diferenciados, qualquer que seja a linha adotada. Por exemplo: a passagem de uma escola altamente autoritária para outra menos verticalizada ou mais democrática é sentida como problema, por crianças e jovens habituados à submissão e à heteronomia. E o movimento inverso também poderia produzir impacto na socialização escolar desses alunos.

Da mesma forma, há projetos experimentais desconectados de determinada realidade sociocultural ou propostas tão originais que se revelem estratosféricas e extemporâneas. Tais situações não apresentam consistência e segurança a seus usuários. Assim, a questão central deveria ser: para qual sociedade e para quais relações sociais a escola construtivista prepara o aluno?

Se o pressuposto da "adaptação" piagetiana é muito mais do que acomodação passiva ou simples imitação, não teríamos que estar preparados para muitas adaptações, a partir de inúmeros conflitos? E o mais importante não seria *aprender a aprender*, com características de plasticidade e dinamismo compatíveis com conhecimentos mutantes, em sociedades cada vez mais mutantes?

56) Por que as crianças alfabetizadas pelo construtivismo frequentemente têm letra ilegível?

Não há evidências empíricas de correlações entre construtivismo e letra ilegível. Tais ocorrências dependem de inúmeros fatores e não só da linha pedagógica assumida. Mesmo sem treinamento específico para esse fim, como em cadernos de caligrafia, há orientações quanto ao uso do espaço, da pauta, do tipo de letra, do capricho, da legibilidade, que fazem parte do repertório desejável a qualquer processo de aquisição da escrita. Também nesse sentido, as obras didáticas mais recentes têm efetuado o resgate e a exploração dessas habilidades elementares e indispensáveis, que certamente haviam sido negligenciadas e marginalizadas, de forma indevida e equivocada.

57) O construtivismo desestimula a competição entre os alunos?

O construtivismo não é garantia de cooperação e autonomia permanentes. A competição é processo espontâneo e natural entre crianças, e é muito difícil um grau de descentração que a elimine por completo. Além disso, a própria sociedade na qual vivemos instaura e reforça condutas competitivas. Mesmo que determinado contexto construtivista consiga criar climas de interação, cooperação e reciprocidade, as competições continuarão existindo, porque os níveis e os méritos não se igualam sempre ou para sempre. Contudo, o mais importante é que poderão ser estabelecidas condições para que tais competições ocorram em situações de lealdade, transparência de regras, de jogo "limpo" – enfim, como deveria ser em qualquer acordo social.

Limites e disciplina

58) Pode-se dizer que uma classe construtivista é mais barulhenta e agitada? O construtivismo difere de outras linhas quanto ao estabelecimento de limites para as crianças?

Há professores(as) que se consideram mais exauridos na proposta construtivista por causa da dificuldade disciplinar. Alegam que contextos menos repressivos, mais participativos e prazerosos geram mais agitação e barulho, mesmo que se trate daquela "saudável bagunça" de quem quer participar.

Isso pode ser verdade no que diz respeito ao clima dominante em uma sala de aula. Mas não se pode perder de vista a questão dos limites, da reciprocidade de regras ou dos "combinados" que permitam um nível de disciplina essencial ao desenvolvimento de qualquer trabalho pedagógico. A educação da oralidade e da polidez, do falar e do ouvir, do jogo complementar de direitos e deveres é um princípio fundamental não apenas ao perfil de um aluno, mas também ao exercício da cidadania e da democracia. Se isso não ocorrer em nossas práticas educativas, estaremos repetindo o *laissez-faire* inerente à ausência de direção e inviabilizando a construção de sujeitos e cidadãos plenos.

59) O construtivismo admite algum tipo de punição para os alunos indisciplinados? Quais?

Nos casos de indisciplina, a punição é decorrência natural das regras, dos "combinados" ou dos contratos assumidos coletivamente, pois estes geralmente já supõem as implicações ou as restrições que serão aplicadas aos "infratores" das regras. O caminho da reciprocidade é o de maior valor nesse campo. Por essa razão, filósofos e psicólogos psicogenéticos sempre valorizaram a ideia da reparação como alternativa educacional à punição unilateral e autoritária. Em outros termos: se alguém pratica algum ato que prejudique interesses maiores de um grupo ou o patrimônio escolar, a reparação deve ser estabelecida. Por reciprocidade, esse ato praticado por outros é o mesmo que se deverá evitar; também por reciprocidade, a sanção precisa ser compatível com a infração praticada.

Nos últimos anos, a questão da indisciplina assumiu configurações mais preocupantes, tendo em vista o aumento da violência escolar, com riscos reais à integridade física de professores e alunos. Mais do que nunca, torna-se premente a discussão sobre este tema, que requer muitas decisões: a firmeza dos projetos pedagógicos das escolas, as parcerias entre famílias e escolas, a ampliação de tempos escolares e espaços lúdicos para os alunos, o suporte coletivo e institucional ao trabalho, às ações e às angústias dos educadores.

A perspectiva linguística
Novas questões para além da psicogênese[9]

60) Qual a principal mudança na postura do alfabetizador a partir da compreensão linguística do processo de aquisição de escrita pela criança?

Trata-se de uma mudança que se sustenta em três pilares: (a) a ampliação da concepção de alfabetização articulada à

---

[9] A proposição e a discussão desse conjunto de novas questões, com foco linguístico, para esta edição, contou com a colaboração da Prof.ª Idalena Oliveira Chaves, coordenadora da pesquisa "Letramento e formação de professores na era pós-construtivista: impactos nas classes de alfabetização", desenvolvida com alunas do curso de Pedagogia do Centro Universitário de Belo Horizonte (UNI-BH), 2007-2008. Participaram desse levantamento as acadêmicas Magna de Magalhães, Alcione Aparecida Ferreira, Cláudia Maria Lobo Siqueira, Polyanna Phillips, Aline Tadeu, Kelly Tainara.

concepção de letramento; (b) a descrição e a avaliação de capacidades linguísticas progressivas e indispensáveis ao domínio do sistema da escrita; (c) a análise dos erros ou das dificuldades da criança como base para as ações de intervenção.

Ao entrar em contato com a escrita, a criança inicia o processo de aquisição de outro sistema lingüístico, pois até então ela dominava o sistema linguístico oral. Atualmente, em situações normais de escolaridade e em ambientes propícios ao letramento, o marco dessa aquisição ocorre aos seis anos. Posteriormente surgirão outros desafios e dilemas de ordem ortográfica, mas a aquisição do código escrito alfabético – a compreensão de que o sistema de escrita difere de outros sistemas de representação e a conversão de sons em letras e de letras em sons – esta já ocorre precocemente. Tornou-se mais claro, para o(a) professor(a), que é necessário intervir durante todo esse processo, auxiliando o aluno nas suas descobertas. Além disso, somente uma avaliação diagnóstica contínua e atenta poderá apontar quais são as capacidades efetivamente consolidadas e quais as dificuldades ainda evidenciadas pelos alunos, que exigirão trabalho sistemático.

61) Como trabalhar, em uma perspectiva construtivista, com crianças que não conhecem as letras do alfabeto e não evidenciam capacidades elementares de decodificação?

O mais importante, nesse caso, é enfatizar atividades que explorem a descoberta e a utilização constante das letras do alfabeto, estimulando as hipóteses sobre o que essas letras representam, na comparação de palavras familiares – como os nomes próprios – e na criação de novas palavras. Esse trabalho precisa ser solidário com as diversas atividades de letramento, viabilizado pela inserção da criança no mundo da escrita, em interação com os inúmeros suportes e gêneros textuais que circulam em nosso meio social.

62) A partir das contribuições linguísticas, como trabalhar com uma criança que evidencie dificuldades com sílabas?

No início do processo de alfabetização, a criança pode se guiar pela hipótese de que o nosso sistema de escrita é silábico, isto é, concebe cada emissão sonora representada por uma única unidade ou letra. Mesmo quando ela passa a perceber que há mais sons do que aqueles que ela representa, resta uma dificuldade: a estrutura silábica da língua. Representar a estrutura CV (consoante-vogal) pode ser mais fácil, pois a criança ainda consegue representar todos os sons da sílaba por uma letra. Entretanto, há outras estruturas: CVC (**por**ta), CCV (**cha**ve), VC (**es**cola) ou sílabas com apenas uma vogal (**a**bacaxi).

Esses são conflitos que desestabilizam as hipóteses iniciais da criança. Inicialmente é preciso identificar qual é a dificuldade e trabalhar cada uma sistematicamente. Fazer listas de palavras ou cruzadinhas com a estrutura silábica em foco pode tornar esse processo mais acessível à criança. Além disso, é fundamental que a criança seja exposta a diversos padrões e grupos silábicos, para que reflita sobre eles e os utilize em novas palavras.

Essa orientação linguística foi bastante descuidada nas primeiras propostas construtivistas, excessivamente centradas no trabalho com o texto, considerado a principal – ou única – unidade de trabalho.

63) Do ponto de vista linguístico, o que diferencia a hipótese silábica da hipótese silábico-alfabética?

Na hipótese silábica, na maioria das vezes, a criança não leva em conta a pauta sonora. Ela pensa que cada emissão de voz pode ser representada por uma letra, não importa qual. Quando evidencia uma concepção silábico-alfabética, a criança já toma como ponto de partida as letras do alfabeto. E representa a sílaba com aquela letra que tem mais saliência fonética, isto é, que ela consegue perceber com mais facilidade, com maior consciência do som a ser representado.

64) De acordo com a abordagem psicogenética e a interpretação linguística, uma criança na hipótese alfabética pode regredir para a hipótese silábico-alfabética?

Pode ser que a criança esteja na transição entre o nível silábico e o nível alfabético, ainda sem consistência ou consolidação de capacidades próprias ao nível alfabético. Assim, ela poderá escrever ora alfabeticamente, ora silabicamente. Uma criança também pode escrever palavras com sílabas canônicas (CV) de modo alfabético, como "patu"; mas pode se valer da hipótese silábica para escrever sílabas mais complexas, não canônicas, como em "bciqta" (bicicleta).

65) Como trabalhar a dificuldade de uma criança que está numa turma alfabética, mas se encontra na fase silábica?

As crianças passam de um nível para outro com muita rapidez. Um grupo que é homogêneo em um momento já será heterogêneo em seguida, pois sempre teremos muitas "zonas proximais" em movimento, conforme analisa Vygotsky.[10]

Como a estrutura homogênea é efêmera, organizar grupos heterogêneos pode facilitar esta passagem ou transição para novos patamares de desempenho, especialmente quando crianças mais avançadas funcionam como mediadoras. Os(as) alfabetizadores precisam acompanhar as descobertas das

---

[10] Uma *zona de desenvolvimento proximal*, na acepção de Vygotsky (1984), consiste na distância entre um nível de desenvolvimento real, que representa capacidades atuais ou já consolidadas, e um nível potencial de novas capacidades, que representa um estado dinâmico de transição nos processos de desenvolvimento e aprendizagem.

crianças – em pequenos grupos ou duplas – e mostrar, aos alunos ainda silábicos, como letras ou grafemas são utilizados para representar sons ou fonemas, sinalizando a orientação espacial da escrita, formando palavras com sentido, acompanhando a leitura em voz alta.

66) É permitido trabalhar sílabas isoladas no construtivismo? Há como trabalhar dessa forma, sem se sustentar em outra concepção, mesmo considerada "tradicional"?

O trabalho com as sílabas serve para a criança perceber como a língua e o sistema de escrita alfabético se organizam. Isso é indispensável à alfabetização, mas não há como perceber isso com sílabas isoladas. Há muitas formas de fazer isso de modo significativo, contextualizado, sem contradições com as construções da criança: pode-se decompor palavras e formar novas palavras a partir de sílabas encontradas; pode-se apresentar palavras faltando sílabas para a criança preencher as lacunas – e muitas outras atividades que ajudem a criança a perceber que uma palavra é composta de unidades um pouco maiores do que os sons e a letras. Os bons materiais didáticos têm resgatado essa direção de trabalho, que jamais poderá ser abandonada em nome de uma postura "construtivista" ou renegada como abordagem tradicional.

67) Como trabalhar além da hipótese alfabética, quando o aluno ainda está trocando os grafemas (letras), como em QROQRODILO (CROCODILO)?

Esta é uma fase de confrontos e tentativas de superação de muitos conflitos linguísticos. Nem todos os sons são representados por uma única letra e nem toda letra pode representar um único som. São vários os caminhos possíveis e concomitantes: observando a escrita, confrontando hipóteses anteriores, recebendo ajuda de professores e colegas, consultando dicionários, a criança pode avançar na aquisição do sistema ortográfico da língua.

68) Por que o aluno ensinado pelo construtivismo frequentemente comete tantos erros de português (gramática, ortografia)?

Os erros ortográficos produzidos em contextos construtivistas têm ocorrido por inúmeras razões, algumas já redimensionadas, outras ainda não superadas:

- Sempre existiram e continuarão existindo erros gramaticais e ortográficos no processo de aquisição do sistema de escrita – para aprendizes iniciantes, aliás, como em qualquer sistema de escrita. É exatamente essa constatação que nos levou a perceber que não é tarefa para apenas um ano de escolarização. A compreensão da complexidade desse processo e as evidências de fracasso na aprendizagem fundamentaram a ampliação do tempo destinado à consolidação das capacidades essenciais ao domínio de princípios alfabéticos e ortográficos. A ampliação se expressa em larga escala na proposição de um "ciclo de alfabetização" ou, onde ele não existe, na compreensão de que um período mais dilatado deve ser definido como meta para essa consolidação.

- Em processos de alfabetização tradicionalmente centrados em cartilhas, as condições de produção de escrita esperadas dos alunos sempre foram controladas e com reduzida autonomia. Prevaleciam cópias ou reproduções de textos curtos, com estruturas de composição próprias a gêneros familiares aos alunos (por exemplo, os da tradição oral, como cantigas, quadrinhas, parlendas, adivinhas). Nesses contextos controlados, podia-se constatar, certamente, uma menor incidência de erros. Logo, o inverso seria igualmente previsível: quanto mais se escreve, sem controles ou modelos, maior é a probabilidade de erros ortográficos e gramaticais.

- As primeiras abordagens construtivistas não se ocuparam da análise e das intervenções relativas a variações ortográficas, o que só mais recentemente vem ocorrendo com a contribuição da linguística. Além disso, os próprios livros didáticos não exploravam adequadamente o eixo da aquisição do sistema, pois deixavam de abordar conhecimentos linguísticos essenciais a sua consolidação. Uma conquista importante nesse campo, já realçada em outras questões, tem se evidenciado na crescente qualificação das obras didáticas para diversos conteúdos e níveis de ensino, bem como das políticas públicas de sua avaliação e distribuição nas escolas públicas brasileiras. No caso das propostas de alfabetização, torna-se progressivamente mais nítida a ênfase na abordagem das capacidades linguísticas do processo de alfabetização e na sistematização do trabalho em torno de questões ortográficas e gramaticais. Trata-se, portanto, de uma sinalização importante para possibilidades de mudança do quadro crítico apontado nesta questão.

69) Como o professor poderá identificar as dificuldades dos alunos na escrita e corrigir seus erros? Como definir as interferências necessárias para ajudá-los?

No processo de aquisição da escrita, o mais importante é a reflexão sobre as formas de grafar as palavras. É preciso verificar o que as crianças já sabem sobre a escrita e o que elas ainda precisam aprender. Só a partir de então ocorrem as interferências e o replanejamento do ensino das habilidades ou capacidades ainda não consolidadas. O(a) professor(a) interfere para incrementar a reflexão e apontar formas de avanço – não para punir ou quantificar erros e acertos. A criança está aprendendo um sistema novo de representar a linguagem e, nesse aprendizado, devem ser maximizadas as possibilidades de acertos. A indicação de erros não pode produzir o temor de avançar e de expor novas produções.

70) Quais os erros mais comuns que o alfabetizador comete em suas intervenções na produção escrita do aprendiz?

O(a) alfabetizador(a) que desconhece o funcionamento da língua que está ensinando à criança pode desconsiderar o processo de descobertas, fazer intervenções inadequadas quanto à relação entre fonemas (sons) e grafemas (letras) e misturar regras que servem apenas para a leitura com regras próprias à escrita. Por exemplo: falar com a criança que o 'S' entre vogais tem som de [z] é uma abordagem transmissiva que poderá servir à aprendizagem da leitura. Mas não ajudará o aprendiz a representar esse som na escrita, pois, ao escrever *casa* e *azarado*, os dois grafemas concorrem no mesmo contexto, com o mesmo som. Os erros mais comuns são, portanto, aqueles que dizem respeito às especificidades do sistema de escrita, pois muitas vezes carecemos de bases linguísticas em nossa formação. Como a escrita inicial é pautada pela representação, é importante que o(a) alfabetizador(a) busque sustentar seu trabalho em princípios fonéticos e fonológicos, para compreender melhor como a criança representa a linguagem e efetuar intervenções consistentes com essas bases.

Também é necessário que a criança vivencie situações de reflexão sobre a escrita, seja orientada na reescrita de suas produções e aplique aprendizagens consolidadas a novas situações, com progressiva autonomia.

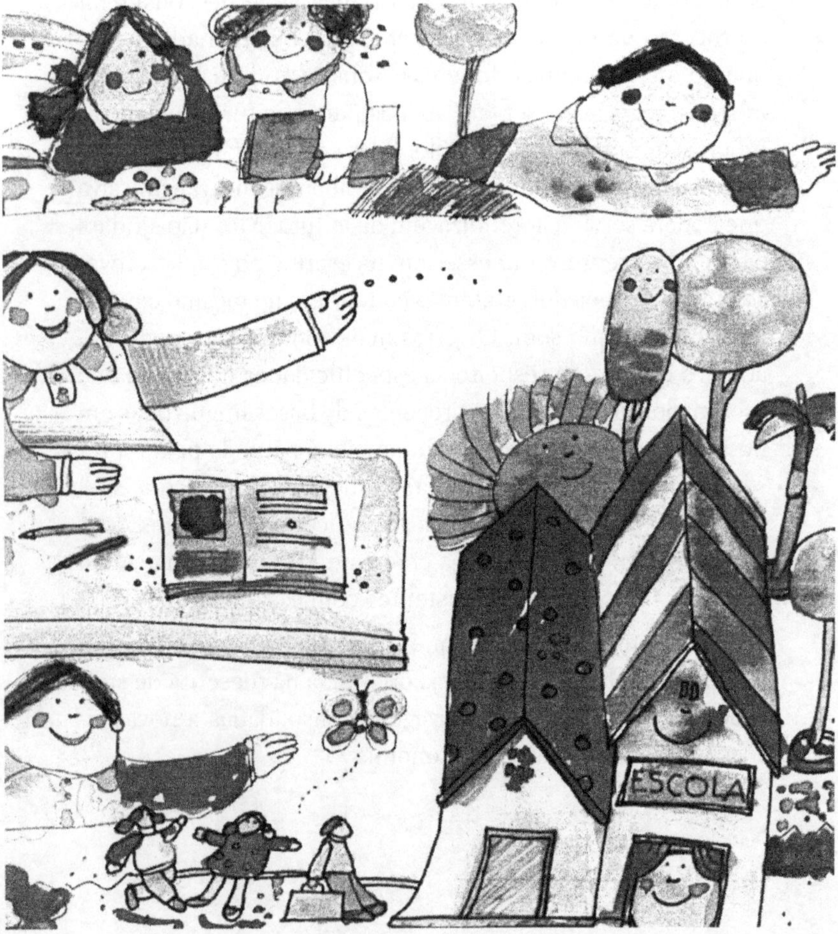
ESCOLA

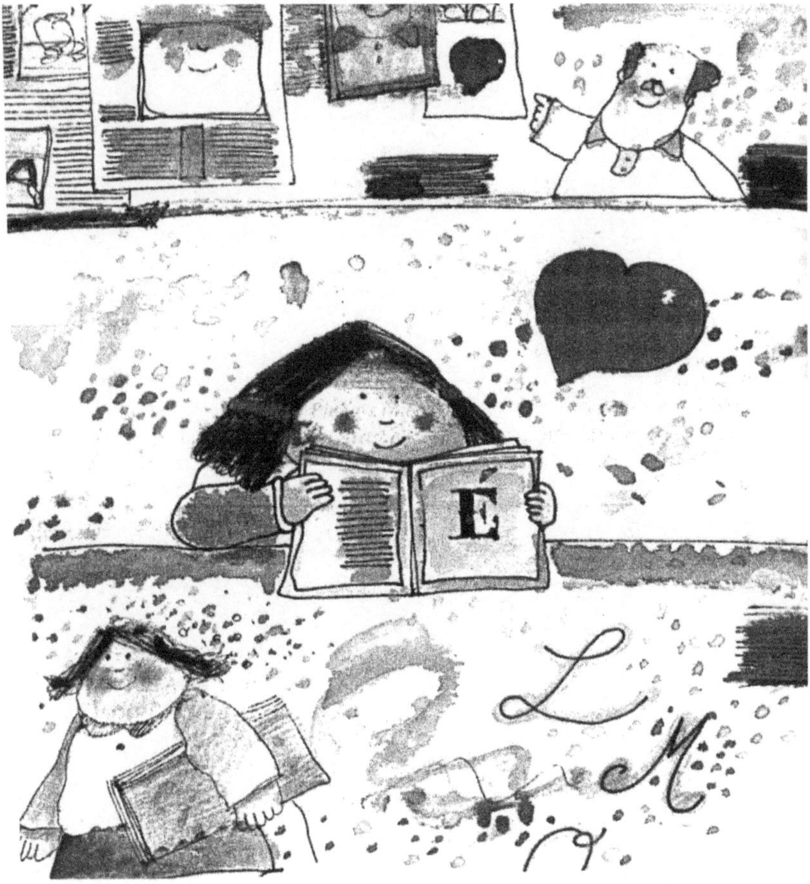

É

Construtivismo e alfabetização
Produção, socialização e apropriação do conhecimento[1]

Introdução

O construtivismo consolidou-se nos últimos trinta anos como uma das tendências mais influentes no contexto educacional brasileiro, em diversos níveis, temáticas e campos de aplicação. A área de **alfabetização** destaca-se entre as demais como campo privilegiado de apropriação desse referencial.

Seria um equívoco, contudo, deduzir dessa constatação a conclusão de que se tenha processado uma mudança de paradigma consistente ou mesmo homogênea. Na verdade, as apropriações da produção teórica na prática pedagógica se fazem de forma heterogênea, parcial e diferenciada, em função de momentos históricos, contextos institucionais e níveis de formação dos educadores. Nos percursos das adesões ao que se considera como "novo" ou como "vanguarda", coexistem

---

[1] Síntese elaborada a partir da pesquisa: "Confronto entre a produção científica sobre construtivismo e alfabetização e a prática pedagógica na escola pública". Ceale/INEP (1991-1993). Pesquisadoras responsáveis: Magda Soares, Maria Auxiliadora Mattos Pimentel, Dóris Anita Freire, Maria das Graças de Castro Bregunci.

formas dogmáticas e formas coletivas de construção de propostas alternativas.

A síntese apresentada a seguir reporta-se ao percurso da produção teórica pertinente às concepções construtivistas, para que estabeleçam confrontos mais claros com as formas de socialização e apropriação do conhecimento produzido na área. Toma-se como ponto de partida uma breve discussão conceitual em torno dessa base teórica e uma revisão do referencial que lhe serve de matriz: a *psicologia genética e interacionista*. Em seguida, procura-se situar sua transposição para a educação, mediada pela *psicogênese da alfabetização*, em suas interfaces com outras áreas, assinalando-se algumas das conquistas e das contradições já evidenciadas nessa trajetória.

Produção teórica sobre construtivismo e socialização do conhecimento – uma visão do percurso

O termo "construtivismo" tem sido tratado, no âmbito da teoria e da prática em educação, como um conceito singular, transparente ou como prerrogativa exclusiva do território psicopedagógico.

Contudo, são múltiplas as acepções historicamente produzidas em torno desse eixo conceitual, e inúmeros são os seus campos de aplicação. Revendo algumas das acepções relacionadas por Mora (1981, p. 611), pode-se identificar um núcleo de identidade:

> Construtivismo – ou Construcionismo – é um termo empregado para caracterizar tendências filosóficas nas quais a noção de *construção* e a noção correlata de *constituição* desempenham um papel importante [...] bem como a formação de conceitos e o formalismo lógico.

A partir desse núcleo, multiplicam-se os campos aos quais a aplicação do termo se revela pertinente, segundo essa mesma fonte: matemática, geometria, arquitetura, artes, linguística e filosofia seriam alguns deles, com muitas nuanças de diferenciação. A esses campos mais consolidados poderíamos acrescentar outros, com espaço crescente, como o "construtivismo sociológico" ou as apropriações construtivistas no campo da informática, a partir de programas ou *softwares* "inteligentes" e interativos.

Partindo-se do princípio de que o referencial em questão não é monopólio da área educacional, pode-se compreender o "construtivismo psicológico ou pedagógico" como apenas uma das possíveis versões de uma matriz bastante vasta, historicamente produzida e diferenciada em diversos contextos e campos.

Nessa versão específica, vale lembrar que a noção de "construção do conhecimento" – embora familiar ao campo educacional no contexto das pedagogias renovadas – encontrou sua efetiva sistematização a partir da década de 1980, sustentada por ideários progressistas e por demandas de maior instrumentalização para a prática, face à permanência de quadros de fracasso escolar.

Assim é que a psicologia genética e a pedagogia progressista predominam a partir daquele período, passando a privilegiar focos como concepções de alfabetização, conceituação de língua escrita pela criança e temas linguísticos em geral (Soares, 1989).

Se os referenciais de base se filiavam à epistemologia genética piagetiana, outras contribuições seriam acrescidas, nos últimos anos – ora de forma complementar, ora até mesmo contrastante. Dentre essas fontes, destacam-se a psicologia sociocultural soviética e as interfaces da linguística com a sociolinguística e a psicolinguística.

Uma breve revisão desses fundamentos poderá ser oportuna para a reconstrução dessa trajetória.

A epistemologia genética de Piaget como núcleo fundante

As noções de construção do conhecimento e gênese de estruturas são pressupostos essenciais à produção de toda a teoria piagetiana, mas sua formulação mais decisiva ocorre a partir da década de 1950, com as atividades interdisciplinares desenvolvidas pelo Centro Internacional de Epistemologia Genética (Genebra, 1995) e a publicação dos trinta volumes dos *Estudos de epistemologia genética*, derivados dessas atividades. Destaca-se, dessa série, uma trilogia – *A epistemologia genética* ([1970a] 1975), *Psicologia e epistemologia* ([1970b] 1971) e *Problemas de psicologia genética* ([1972] 1975) – por seu caráter de sistematização teórica e por sua inserção bastante imediata no contexto editorial brasileiro.

Os focos dessas obras e de inúmeros simpósios promovidos pelo Centro se centrariam nas bases epistemológicas das concepções de aprendizagem. Nesse contexto, "epistemologia" é uma palavra que pode ser compreendida como "teoria do conhecimento" ou "concepção sobre o processo de conhecer", tendo em vista a relação entre sujeito e objeto.

Piaget e seus colaboradores formulariam tais bases, rejeitando claramente dicotomias que reduziam essa relação ora ao polo do objeto ou do meio (como no caso de concepções "empiristas"), ora ao polo do sujeito ou de suas condições pré-formadas (como no caso de concepções "aprioristas" ou "inatistas"). Na abordagem piagetiana, a superação de tal dicotomia se traduziria na noção de *construção*, articulada ao fator de *equilibração*:

> As estruturas se constroem muito progressivamente, em vez de serem dadas por uma necessidade a priori ou pelo primado do objeto; a necessidade se deve ao fechamentos das estruturas por equilibração gradual e supõe a intervenção das atividades do sujeito na aquisição do conhecimento. (PIAGET; GRECO, [1959] 1974, p. 30)

Em obras seguintes, o chamado "construtivismo dialético" – segundo a própria expressão utilizada por Piaget – intensificaria a ênfase na gênese ou construção de estruturas e conhecimentos novos, partindo da ação e abrindo-se ao "conjunto dos possíveis" através da representação simbólica e das operações mentais. Essa concepção estaria totalmente consolidada na década de oitenta:

> Uma epistemologia em conformidade com os dados da psicogênese não poderia ser empírica nem pré-formista; não poderia deixar de ser um construtivismo, com a elaboração contínua de operações e de novas estruturas [...] Só um Construtivismo é aceitável, mas incumbido da pesada tarefa de explicar simultaneamente o mecanismo da formação de novidades e o caráter da necessidade lógica que elas adquirem no decorrer do processo. (PIAGET, 1983, p. 39-41)

A partir desses textos considerados "fundantes" – no sentido de apresentar fundamentos ou bases da concepção psicogenética, podem ser sintetizados alguns enunciados essenciais ao discurso construtivista:

a) A epistemologia genética busca as raízes das diversas modalidades de conhecimento, desde suas formas mais elementares até os níveis mais elaborados. Não há conhecimento absoluto: tudo é *gênese* ou elaboração contínua, tanto em nível psicogenético, ou seja, no desenvolvimento histórico do indivíduo, quanto no nível *sociogenético*, ou seja, no desenvolvimento histórico das relações sociais.

b) As estruturas novas decorrentes dessa gênese não são pré-formadas nem nos objetos, nem nos sujeitos. O conhecimento resulta das *interações* ou *elaborações* solidárias entre sujeito e objeto em direções complementares.

c) Entre estruturas há um contínuo movimento de assimilação e integração recíprocas de tal modo que uma estrutura superior pode derivar de um inferior, enriquecendo-a e nela se integrando.

d) O conhecimento assim construído se organiza em função do processo de *equilibração*, que se consolida pelos processos de *assimilação* e *acomodação*. Enquanto a assimilação diz respeito à ação dos sujeitos sobre os objetos mediante esquemas ou competências já construídas, a *acomodação* supõe a ação do objeto sobre o sujeito, com transformação de esquemas anteriores. Dessas interações surgem perturbações ou *conflitos cognitivos*, que passam a demandar nova adaptação ou nova organização do conhecimento – e esse processo é uma necessidade de *autorregulação*.

e) O ponto de partida ou a chave de toda a gênese do desenvolvimento e da aprendizagem encontra-se no plano da *ação* ou das *coordenações de ações*. Este seria o patamar de toda a gênese das funções simbólicas – também chamadas de funções de representação – e das estruturas operatórias, sejam as mais concretas, sejam as mais abstratas.

f) A gênese de funções e estruturas cognitivas envolve múltiplos campos conceituais ligados a linguagem, causalidade, espaço, tempo, moralidade e inúmeros outros lógico-matemáticos. As construções em cada campo partem de concepções espontâneas ou intuitivas e atingem a efetiva compreensão conceitual ou operatória através de processos como abstração reflexiva e generalização.

Constata-se que, a partir da consolidação original da teoria piagetiana, várias concepções permaneceriam como *construtos*, ou seja, conceitos com elevado nível de abstração, muitas vezes distantes das demandas de apropriação por parte de educadores, interessados em direções mais operacionais, pragmáticas ou instrumentais para sua prática. Com efeito, as derivações teóricas mais "socializadas" ou com maior potencial de circulação na área educacional seriam as noções de *construção*, *estágio*, *atividade*, *conflito* e *interação*, para destacar apenas algumas. A noção de estrutura, por sua vez, mais potente no contexto da compreensão dos processos de desenvolvimento e aprendizagem, seria pouco explorada; com isso, perde-se a perspectiva mais flexível de análise e intervenção, no contexto da gênese do conhecimento. Ao se reduzir à noção de estágio, a concepção se empobrece e se cristaliza, cedendo espaço a diagnósticos rígidos baseados em níveis ou faixas etárias, classificações e rotulagens de pequeno ou perigoso retorno pedagógico.

Sejam quais forem as formas de circulação e de apropriação de teoria, é evidente a força desse referencial no estudo do desenvolvimento cognitivo, sobretudo a partir da década de 1970. Contudo, uma grande lacuna permaneceria nesse campo de conhecimento: a abordagem da linguagem – desafio que exigiria a busca de outras perspectivas de análise.

A vertente sócio-histórica do construtivismo: confronto ou complementação?

A rede conceitual da teoria piagetiana não exaure todas as dimensões pertinentes a uma matriz construtivista. Há, sem dúvida, outras teorias que assumem o princípio da atividade do sujeito na elaboração de seu conhecimento, considerando a dimensão sociocultural como constitutiva dessa gênese. Situam-se nessa perspectiva as contribuições de vários psicólogos soviéticos, entre as quais se destacam – por seu impacto maior no contexto educacional – as de Vygotsky (1984, 1987, 1988) e Luria (1985, 1986).

Na perspectiva **sócio-histórica** ou **sociointeracionista** desses autores, a ênfase se coloca na construção social das funções psicológicas superiores, ou seja, daquelas mediadas por símbolos ou signos, especialmente a linguagem. Alguns eixos explicativos derivam-se dessa visão:

a) A concepção de desenvolvimento como "processo dialético complexo, caracterizado por periodicidade, transformações qualitativas de uma forma em outra, entrelaçamento de fatores internos e externos e processos adaptativos que superam os impedimentos que a criança encontra" (VYGOTSKY, 1984, p. 83).

b) A noção de construção ou gênese, sustentada no princípio de plasticidade das funções psicológicas, cuja base biológica se localiza no cérebro – um sistema funcional aberto, com estrutura e modo de funcionamento moldados ao longo da história da espécie e do desenvolvimento individual, em contexto sempre sociocultural.

c) A interdependência dos processos de pensamento e linguagem, com ênfase no papel da mediação semiótica, ou seja, no uso de signos como atividade instrumental, de origem igualmente sociocultural. Através desse processo ocorreria a passagem de atividades em *nível interindividual* (produzidas no plano histórico e social) para o *nível intrapsíquico* (produzidas no plano individual).

d) A interdependência dos processos de desenvolvimento e aprendizagem, expressa, de forma privilegiada, na *zona de desenvolvimento proximal* ou *potencial*. Essa seria uma região de funções "emergentes", ou seja, ainda não consolidadas no desenvolvimento real ou atual dos sujeitos, mas que podem se manifestar em função de certas condições. Tais condições seriam, principalmente, os recursos partilhados com outros ou as intervenções de pares e adultos – o que sugere direções mais decisivas dos processos interativos e do papel do professor, como mediador fundamental.

e) A existência de uma "pré-história da aprendizagem" em todos os níveis de conhecimento, ou seja, de uma gênese que tem origem em conceitos espontâneos ou cotidianos e que alcança a elaboração formal, sistematizada e categorial, especialmente no contexto escolar.

É relevante notar, em relação a este último aspecto, que o aprofundamento na "pré-história da escrita", por parte de Vygotsky e Luria, seria um sólido patamar – ao lado da teoria piagetiana – para as formulações sobre a psicogênese da aquisição da escrita.

Luria seria precursor de tais formulações, já em 1929 (para o contexto brasileiro, na tradução de Vygotsky, Luria e Leontiev [1988]), ao explicitar a gênese das concepções da criança em relação à escrita, desde níveis mais primitivos ou pré-instrumentais até a diferenciação de signos em suas relações com conteúdos específicos, antecipando metas extremamente atuais:

[...] investigar a fundo esse período inicial do desenvolvimento infantil, deslindar os caminhos ao longo dos quais a escrita se desenvolveu em sua pré-história, explicar detalhadamente as circunstâncias que tornaram a escrita possível para a criança [...] e, finalmente, descrever os estágios através dos quais passam as técnicas primitivas de escrita da criança. (VYGOTSKY; LURIA; LEONTIEV, 1988, p. 144)

Sabe-se que essas seriam questões retomadas pelas pesquisas de Emília Ferreiro e colaboradores, no final da década de 1970, embora tais articulações com a produção dos psicólogos soviéticos não tenham se revelado, de imediato, tão explicitamente quanto o foram em relação aos pressupostos piagetianos. Prosseguindo, portanto, nesta revisão, interessa abordar essa derivação do núcleo teórico já sintetizado.

A psicogênese da aquisição da escrita como ponte para a prática pedagógica

Os pressupostos teóricos da epistemologia genética e do sociointeracionismo oferecem princípios bastante amplos que dizem respeito a todas as áreas do conhecimento. Entretanto, as pontes entre o corpo teórico produzido e as práticas pedagógicas são tarefas que se desenvolvem por pesquisadores comprometidos com objetos de conhecimento mais específicos, demandando recortes e aprofundamentos.

Um desses objetos de conhecimento é a escrita – mais especificamente, a *psicogênese da aquisição da escrita*. Trata-se de um objeto sistematizado principalmente a partir da década de 1970, através de inúmeros trabalhos da pesquisadora argentina

Emília Ferreiro, juntamente com colaboradores – em especial Ana Teberosky (de Barcelona, Espanha). Desde então essa abordagem vem investigando a gênese ou os padrões evolutivos nas formas de representação do sistema de escrita pelas crianças. Seu interesse é, em síntese, a compreensão do percurso através do qual a criança toma consciência da natureza alfabética de nosso sistema de representação escrita.

A teoria psicogenética piagetiana é o grande marco conceitual da abordagem de Emília Ferreiro; afinal, ela fez parte do último grupo de orientandos de Piaget em Genebra. O ponto de partida é o mesmo: a noção de sujeito cognoscente ou epistêmico, ou seja, um sujeito ativo que busca adquirir conhecimento e que o adquire a partir de sua ação e interação com objetos (estes entendidos em sentido amplo, isto é, como constitutivos do meio físico e socioafetivo). Inúmeros outros processos e conceitos da teoria de Piaget estão igualmente presentes na abordagem de Emília Ferreiro: as noções de *gênese, esquema, assimilação/ acomodação/adaptação, conflito cognitivo, equilibração, conceitos espontâneos, representação* e muitas outras.

Também a metodologia de investigação é compartilhada por esses autores: o método clínico (também chamado de genético ou crítico) é utilizado para compreensão e interpretação das produções das crianças, com intervenções dos pesquisadores, que permitem trazer à tona as concepções ou hipóteses infantis sobre a escrita e a leitura.

Assim como Piaget criticou a adoção de "medidas" apenas quantitativas de inteligência (como os testes de QI ou quociente intelectual), Emília Ferreiro assume clara oposição aos testes de "prontidão", tradicionalmente utilizados no contexto pedagógico para diagnosticar e classificar alunos, antes mesmo de seu contato com objetos de conhecimento sistematizados pela escola ou com contextos diversificados de letramento.

Portanto, tais instrumentos de avaliação partem do pressuposto de que a prontidão ou a maturação de determinadas capacidades e habilidades específicas deve ser considerada como pré-requisito para a aprendizagem da escrita e da leitura. Tais capacidades ou habilidades, nas abordagens tradicionais, abrangem discriminações perceptivas (visuais e auditivas), coordenação motora, orientação espacial, memorização, atenção dirigida, vocabulário, entre outras.

As abordagens sustentadas na ideia de prontidão desconsideram, portanto, as dimensões cognitivas presentes na construção de conceitos relacionados aos processos de escrita e leitura. Não consideram ainda a escritura e a leitura como processos historicamente construídos; ignoram as influências do meio sociocultural da criança ou suas experiências antes da aprendizagem sistemática da leitura e da escrita.

É exatamente a partir dessa crítica que Emília Ferreiro sustenta sua perspectiva teórica. Opondo-se à noção de simples decodificação perceptiva, concebe a alfabetização como construção e apropriação de um objetivo conceitual e de um sistema de representação da linguagem. Nessa acepção, o processo de alfabetização deve considerar três elementos essenciais: (a) as concepções dos alunos sobre esse objeto; (b) as concepções dos professores sobre esse mesmo objeto; (c) as características do sistema alfabético da linguagem, no caso específico de nosso contexto cultural e linguístico.

Os trabalhos sucessivos de investigação nessa abordagem dedicaram-se à compreensão da gênese ou de padrões evolutivos na aquisição da escrita. Deve ser destacado que, além da explícita influência piagetiana, são igualmente nítidas as marcas das concepções de Vygotsky e Luria a respeito da "pré-história da escrita", já anunciadas no início do século passado.

São bastante conhecidas as formulações de Emília Ferreiro sobre a psicogênese de conceitos relativos à escrita, expressos em hipóteses das crianças sobre esse sistema de representação.

O quadro-síntese a seguir poderá facilitar a revisão dessas hipóteses ou fases sistematizadas por Ferreiro e Teberosty (1985).

PSICOGÊNESE DA REPRESENTAÇÃO DA ESCRITA	
HIPÓTESES	ETAPAS
Escrita = imagem (etiquetas de desenhos ou marcas pictográficas	• Pré-simbolismo • Distinção entre modo de representação icônico (figurativo) e não icônico (não figurativo)
• Foco em nomes de objetos ou substantivos concretos • Quantidade mínima de caracteres (3?) – convencionais ou inventados • Variedade interna de caracteres: letras repetidas não podem ser lidas: A A A	• Realismo nominal: indiferenciação entre significado (objeto representado) e significante (palavra) • Formas de diferenciação quantitativas e qualitativas • Sem correspondência grafia/ somPRÉ-SILÁBICA (OHIICS) = GATO
• Recorte na emissão sonora em sílabas, com um registro para cada uma delas.	SILÁBICA (G T) OU (A O) = GATO
• Utilização de algumas letras para representar sílabas e de outras para representar fonemas.	SILÁBICA - ALFABÉTICA (G T O) OU (G A T) = GATO
• Compreensão do sistema sonoro (fala) com representação de caracteres correspondentes na escrita: fonema como menor unidade.	ALFABÉTICA (GATO)

É importante ressaltar que essa gênese tem sido revista por Ferreiro e colaboradores, incluindo atualmente questionamentos sobre certos componentes de hipóteses e etapas, em razão de variações culturais e linguísticas de diversos grupos sociais pesquisados. Além disso, cada vez mais tem sido enfatizado que os padrões propostos não devem ser tomados como indicadores de prontidão para a alfabetização ou de metodologias rigidamente separadas por níveis ou etapas.

A abordagem dessa área pretende deixar claro ainda que, além das hipóteses espontâneas construídas pelas crianças, ao longo da gênese indicada, há inúmeros outros conhecimentos que dependem de "informantes" de um mesmo contexto sociocultural: os nomes das letras, as convenções sobre o uso do espaço e a direção da escrita, a existência de signos diferenciados das letras, o uso de diversos tipos de letras e de pontuação, os múltiplos usos sociais da escrita e muitos outros conhecimentos.

Sobre todos esses conhecimentos e essas convenções, Emília Ferreiro lembra que nada pode ser considerado fácil ou difícil em si mesmo: "Algo é fácil quando corresponde aos esquemas facilitadores disponíveis e difícil quando obriga a modificar tais esquemas" (FERREIRO, 1985, p. 37).

Finalmente, como consequência dessa posição anterior, destaca-se o *papel do professor como mediador* entre aluno (sujeito) e escrita (objeto do conhecimento). É essa mediação que propicia: (a) informações sobre esse sistema de representações produzido socialmente, que envolve convenções e significados compartilhados; (b) confrontos de ideias ou hipóteses (conflitos cognitivos) em direção a reestruturações de esquemas e avanços conceituais; (c) oportunidades de experimentação ou interação com esse objeto de conhecimento (escrita/leitura), para sua efetiva apropriação pelo aluno.

A "revolução conceitual" proposta por Emília Ferreiro esteve, especialmente nas décadas de 1980 e 1990, no centro de diversas formas de socialização do conhecimento produzido ao longo de suas obras e apropriações no campo da alfabetização ou do ensino-aprendizagem da escrita e da leitura.

No contexto brasileiro, devem ser destacados os trabalhos e pesquisas do Grupo de Estudos sobre Educação, Metodologias de Pesquisa e Ação (GEEMPA), de Porto Alegre, sob a coordenação de Esther Grossi. Voltando-se para projetos na área de alfabetização de crianças de camadas populares, a partir do final da década de 1970, seu trabalho culminaria com uma "proposta didático-pegadógica alternativa", inspirando metodologias para os vários níveis psicogenéticos da aquisição da escrita (GROSSI, 1990).

Inúmeras produções de educadores brasileiros buscaram explicar as formulações originais da psicogênese da aquisição da escrita, comentando e adaptando – sob leituras diversas – uma teoria geral ainda pouco aprofundada por professores, em suas fontes primárias mais diretas. Assim, os estudos desses professores passam a se basear muito mais em tais comentários e explicações do que propriamente nas leituras das obras que aqui tratamos como fundantes.

Para além da psicogênese da alfabetização: as questões apresentadas pela linguística[1]

A língua falada desempenha um importante papel no trabalho com a escrita. Quanto mais a criança pratica a sua oralidade, interagindo com situações de escrita tanto em casa quanto na escola, melhor será seu desempenho na aquisição de eixos essenciais ao processo de alfabetização. O jogo do "faz-de-conta que lê, ou faz-de-conta que escreve" é uma dessas práticas interativas que proporcionam a apreensão do significado social da escrita. Entretanto, esse processo não é uma derivação linear nem decorre espontaneamente da convivência da criança com materiais de escrita em contextos sociais diversos, mas depende estreitamente das estratégias que os(as) professores(as) alfabetizadores(as) utilizam

---

[1] Esta seção, ampliada para a presente edição, contou com a colaboração da Prof.ª Idalena Oliveira Chaves, coordenadora da pesquisa "Letramento e formação de professores na era pós-construtivista: impactos nas classes de alfabetização". Centro Universitário de Belo Horizonte (UNI-BH), 2007-2008.

para favorecer a transição da fala para a escrita, conduzindo o aprendiz a descobrir que escrever é codificar a fala e que, nesse processo, muitas diferenciações deverão ser compreendidas. Como os recursos disponíveis para as modalidades orais são mais variados, é preciso explorar esse aspecto e deixar à disposição da criança outros meios que possam contribuir no desenvolvimento da escrita.

O processo de aquisição é minucioso e delicado e deve interagir com todas as áreas do conhecimento. No início da alfabetização formal, a expectativa é que o aprendiz possa construir as relações entre os sons da língua e sua representação alfabética, transformando o seu registro escrito em codificação da fala. Contudo, a maior parte das relações entre o oral e o escrito não são diretas (ALVARENGA, 1988).

Como o(a) alfabetizador(a) pode acompanhar as hipóteses dos alunos ao longo dessa apropriação do sistema de escrita?

O aprendiz constrói o seu conhecimento da língua escrita passando por algumas etapas, já abordadas em vários trabalhos, principalmente em Lemle (1991), Faraco (1994) e Cagliari (1989). Essas etapas não podem ser tomadas como fixas; o mais importante é compreender os mecanismos que estão subjacentes a essa aquisição. Nas últimas décadas, a linguística tem ampliado a compreensão das habilidades ou capacidades envolvidas nesse processo, ressaltando a importância das grafias do aprendiz no processo de alfabetização, como indício relevante para o trabalho com a ortografia. Ao atingir o nível alfabético[2], os aprendizes se sustentam fortemente no sistema fonológico da língua oral e avançam gradualmente para a escrita considerada padrão.

---

[2] O nível alfabético consiste na etapa em que o aprendiz já escreve palavras por meio da relação som/letra, mesmo que apresente dificuldades ortográficas peculiares a esta fase.

Como se enfatizou em seções anteriores, as pesquisas desenvolvidas por Ferreiro e Teberosky na década de 1980, salientaram algumas hipóteses vivenciadas pelo aprendiz na aquisição da escrita – o que, sem dúvida, muito contribuiu para o desenvolvimento das pesquisas sobre a alfabetização inicial das crianças. Entretanto, constataram-se muitas lacunas na compreensão desse processo, pela falta de fundamentação linguística a respeito da aquisição da escrita e das questões ortográficas da língua. Essas lacunas transpareceram em equívocos e muitas dúvidas: afinal, as crianças deveriam escrever "do jeito delas"? Quando o professor deveria intervir na forma ortográfica?

Sabe-se atualmente que a maioria dos chamados "erros ortográficos" ocorre exatamente pela falta de correspondência entre o sistema de fonemas e o sistema de grafemas da língua. As condições oferecidas a esses alunos para a interação com materiais escritos possibilitarão a evolução na aquisição da escrita, com a gradual superação das marcas da oralidade em sua produção gráfica. O maior desafio para o professor, como afirma Abaurre (1996, p. 14), é ser capaz de interpretar as hipóteses que o aprendiz levanta nessa fase de aquisição e utilizá-las para trabalhar a escrita convencional.

As pesquisas recentes no campo da aquisição da escrita encontram mais respaldo na linguística e fundamentam as ações do(a) alfabetizador(a) quanto à compreensão das capacidades necessárias à apropriação do sistema de escrita e às intervenções diante das dificuldades evidenciadas pelos alunos. Diversas produções têm focalizado as ações pedagógicas nessa direção e têm sido socializadas na formação continuada de alfabetizadores, no sentido de fundamentar suas práticas de alfabetização e letramento, envolvendo avaliações diagnósticas das capacidades linguísticas mais relevantes e planejamento de atividades condizentes com os níveis reais dos alunos (CEALE, 2005-2008).

A transposição do construtivismo para a educação: críticas e tendências

Em seções anteriores, foram salientados alguns processos de apropriação do conhecimento produzido no campo da psicogênese, especialmente em relação à alfabetização. Destacou-se, a propósito, a supremacia do *comentário* sobre a própria *autoria*. Essas são categorias utilizadas por Foucault (1993) na análise de mecanismos de controle da produção e da circulação de discursos. Aplicada ao campo do construtivismo, essa análise indica que os textos fundantes se diluem a partir da matriz original, cedendo espaço crescente às (re)elaborações e (re)construções. Em outras palavras, a socialização do conhecimento produzido se faz mais pela via de textos secundários do que por textos primários ou fundantes. Nessa revisão, tais textos fundantes foram associados à epistemologia genética piagetiana e ao sociointeracionismo soviético, bem como à versão pedagógica da psicogênese no campo da aquisição da escrita, formulada por Ferreiro e colaboradores – bases de inúmeras explicações, derivações e comentários posteriores.

Tais formas de socialização implicam evidentemente múltiplas nuanças nas formas de apropriação do conhecimento produzido e reproduzido. As críticas que se avolumam em torno do modelo ou paradigma construtivista têm sido extremamente sensíveis a essas nuanças; centralizam-se ora em dimensões psicológicas, ora em dimensões linguísticas, ora em dimensões sociopolíticas e didáticas. No conjunto dessas *críticas*, as mais recorrentes têm enfatizado: (a) as interpretações espontaneístas do construtivismo; (b) a desconsideração de diferenças de desempenho dos alunos, fora de padrões psicogenéticos; (c) a precária abordagem instrumental ou as controvérsias metodológicas, com níveis de intervenção ainda mal delineados; (d) as imprecisões linguísticas na abordagem de erros; (e) as prescrições por etapas rígidas; (f) os reducionismos psicológicos;

(g) a carência de uma teoria social de educação (LIMA, 1990; NUNES, 1990; GARCIA, 1993; SILVA, 1993).

Não sendo possível uma revisão mais cuidadosa dessas avaliações neste espaço, seria oportuno destacar algumas tendências que vêm norteando a transposição da teoria psicológica para a prática pedagógica, acarretando formas diferenciais de leituras ou interpretações dos enunciados de base no construtivismo:

a) A retomada da psicologia soviética na literatura psicológica mais recente tem sido atribuída à insuficiência da abordagem piagetiana em relação à incorporação da dimensão sociocultural nos processos de desenvolvimento e aprendizagem. Consequentemente, o retorno às fontes primárias tem se marcado por confrontos epistemológicos entre tais referenciais, por isso é comum a utilização de expressões como *construtivismo piagetiano* e *construtivismo sociointeracionista soviético*. Embora seja fundamental reconhecer as diferentes condições de produção de cada referencial teórico, as dicotomias e as rupturas propostas sacrificam as necessárias interseções das noções de "construção" e "interação", conduzem a falsas oposições e dificultam as possibilidades de complementação exigidas pela prática pedagógica.

b) Em busca de superação das limitações teóricas já delineadas, alguns autores vêm introduzindo vertentes mais abrangentes, que buscam integrar e complementar teorias psicogenéticas em geral, como as de Piaget, Wallon e Vygotsky, além de ampliar as bases construtivistas, ora com designações de *construtivismo pós-piagetiano*, ora com a proposta de uma perspectiva *coconstrutivista* ou *socioconstrutivista* (LA TAILLE *et al.*, 1992; GROSSI, 1990; CASTORINA *et al.*, 1995; VASCONCELLOS; VALSINER, 1995; GARNIER, 1996).

c) Outra tendência que vem se consolidando é a *psicopedagogia da intervenção*, expressa em movimentos mais recentes de restauração do lugar do método e da intervenção pedagógica – renegados inicialmente como incompatíveis com a ideia de "construção". As críticas metodológicas e as implicações de caráter didático têm sido amplamente exploradas nos últimos trabalhos de Emília Ferreiro e Ana Teberosky, com parcerias diversas, bem como em produções de outros autores, como BRASLAVSKY (1993) e GARCIA (1993).

A prática pedagógica construtivista: a construção do conhecimento pelo professor

Após a síntese bastante geral relativa à produção teórica no campo do construtivismo, esta seção final apenas destacará aspectos mais relevantes de práticas estruturadas no âmbito pedagógico da escola pública, em processos de escolarização inicial, já que a pesquisa de suporte deste registro se desenvolveu originalmente nesse contexto (CEALE, 1993).

Ficou evidenciado que o conhecimento produzido na área provocou maior impacto, na rede pública, a partir da década de 1980, inspirando novos caminhos para a reinterpretação de questões ligadas ao fracasso escolar e aos processos de alfabetização. No estudo desenvolvido junto a escolas públicas da rede municipal de Belo Horizonte, foram focalizadas instituições com reconhecida trajetória de mudança em busca de propostas alternativas para uma clientela predominantemente constituída por crianças de camadas populares.

As análises de dados provenientes de projetos políticopedagógicos institucionais, as observações e as entrevistas – aprofundadas longitudinalmente em quatro dessas escolas – revelam um confronto persistente entre o ideal de prática e a prática possível.

A prática idealizada manifesta-se nas representações e no discurso dos educadores e, de forma especial, nos projetos político-pedagógicos – registros de elaborações coletivas comprometidas com a proposição de ideários pedagógicos, de novas formas de organização do trabalho escolar e de estratégias de intervenção em contextos de fracasso e dificuldades escolares.

Quanto à prática possível, essa se subordina às condições pessoais e profissionais desses mesmos educadores – em sua exposição a processos e modelos de longa duração em bases tradicionais e autoritárias; sua formação parcial na área de atuação; suas condições de trabalho e de acesso à produção do conhecimento em seu campo de competência e em campos mais gerais da cultura; suas experiências existenciais e toda a sua história de inserção institucional. À luz dessas condições, seria leviano identificar apenas distorções ou "assimilações deformantes" nas apropriações das bases teóricas; na verdade, o(a) professor(a) consegue ter recepções parciais e fragmentadas – as possíveis, enfim, – mais limitadas a "comentários" do que ao acesso às fontes ou "autorias" originais.

Na passagem entre o idealizado e o possível, entre concepção teórica e prática, há transformações e reestruturações que se colam à dinâmica das condições concretas – como, aliás, em qualquer processo construtivo. Há também avanços, impasses e recuos – momentos de transformações mais radicais, seguidos de sínteses possíveis e provisórias. Constata-se ainda a coexistência de concepções e práticas de várias tendências e matrizes, como se as contradições apontadas pela prática não fossem desveladas – e, de fato, nunca o serão – através de um só modelo, ideário ou paradigma. O referencial adotado passa a ter variações funcionais: deve haver um modelo para justificar o fracasso, outro para o êxito, e assim por diante.

Os dados empíricos indicam ainda algumas *dimensões mais problemáticas* ou *rupturas* nessa transposição da teoria para a prática:

A. Descontinuidade de processos e projetos

Esta dimensão se revela fortemente nas rupturas entre ciclos e séries escolares, em especial na transição do ciclo de alfabetização para os demais. Trinta anos após a adesão ao construtivismo ainda é possível configurar "ilhas" de mudança e experimentação centradas na educação infantil e no ciclo de alfabetização, seguidas de objetivas pressões das séries ou ciclos seguintes, em torno dos "produtos" até então liberados.

Destaque-se ainda a questão da instabilidade do quadro de pessoal, especialmente quando as rupturas ocorrem no campo de trabalho das especialistas. Afinal, é possível constatar o papel decisivo das coordenações pedagógicas, por exemplo, tanto a serviço das mudanças como das resistências a elas. Sua atuação pode, portanto, desencadear movimentos e propostas inovadoras ou inviabilizar direções desejadas pelo coletivo da escola.

B. Abordagem do erro

Partindo de um espontaneísmo inicial, as propostas construtivistas passam gradualmente a exigir mais do que a mera interpretação de erros. Contudo, a carência de bases instrumentalizadoras para avanços na área deixam margem a inconsistências e incertezas, especialmente quanto a revisões e intervenções de professores. Acentuam-se, a partir daí, as crescentes demandas de fundamentação linguística para as ações pedagógicas e para a formação continuada dos(as) educadores.

C. Avaliação

Neste nível, destacam-se ambiguidades e incertezas relativas a processos de enturmação – de um lado, as representações idealizadas dos docentes defendem a heterogeneidade dos grupos; de outro, as demandas concretas se orientam cada vez mais para configurações de turmas mais "equilibradas" ou menos "discrepantes".

A crise desencadeada pelas práticas de "progressão automática" de alunos agrega um elemento crítico fundamental à revisão de nossos processos de avaliação, diante do paradoxo de sucessos dos sistemas e de fracassos nas trajetórias dos alunos.

D. Espaço de organização docente

A trajetória de organização institucional dos grupos de docentes e especialistas revela dificuldades objetivas quanto à garantia e à legitimação de espaços conquistados para finalidades pedagógicas, como estudo, troca de experiências, formação continuada. Tais dificuldades se manifestam tanto no confronto com as instâncias formais dos sistemas de educação, instáveis na continuidade de suas políticas públicas, quanto em relação à própria comunidade escolar, vigilante quanto ao efetivo cumprimento das ações projetadas.

Apesar da existência dessas contradições e desses impasses, é possível constatar mudanças de concepções que evidenciam objetivas conquistas derivadas da adesão, ainda que parcial, ao referencial construtivista:

A. Novas concepções sobre a criança, seus processos de desenvolvimento e aprendizagem

Com especial impacto em posições cristalizadas acerca do conhecimento e expectativas depreciativas em relação aos alunos; investimento no "fator professor", com ênfase nos contextos interativos e nas mediações em sala de aula;

B. Novas concepções sobre linguagem, ensino da língua, processos de aquisição de escrita e leitura

Com focos mais orientados para dimensões antes inexploradas, como significado social e prazer em relação a tais processos, superação de modelos "acartilhados" de textos e aproximações mais exigentes em relação ao sentido amplo de múltiplos letramentos dos alunos;

C. Redirecionamento das relações pedagógicas e da organização do trabalho escolar

Com ênfase em processos mais coletivos de planejamento, troca de experiências, reflexão sobre a prática e sobre as próprias resistências e cristalizações, com abertura para projetos de parcerias ou de "produção associada" no trabalho pedagógico;

D. Novas posturas diante do erro e da avaliação em geral

Com focalização de processos e não apenas de produtos de aprendizagem, revisão do conceito de prontidão – em suas implicações classificatórias e estigmatizantes.

Uma importante conquista pode ser acrescida ao balanço dessas últimas décadas: a consolidação de uma *cultura de avaliação diagnóstica*, que passa a fundamentar cada vez mais o planejamento e o replanejamento das ações destinadas ao processo de alfabetização.

E. Ênfase em formação docente continuada

Com destaque de competências específicas que devem ser buscadas em processos permanentes ou contínuos de formação, no redimensionamento da organização institucional e na afirmação do papel articulador e mediador da coordenação pedagógica – elemento fundamental nas mudanças conceituais e metodológicas exigidas por uma perspectiva interacionista de ensino e aprendizagem.

As conquistas já incorporadas ou em construção indicam caminhos para a formação docente – necessariamente apoiada na reflexão sobre a própria prática pedagógica, realimentada pela prática de seus pares e pela socialização de pesquisas comprometidas com os apelos dessa prática.

Referências

ABAURRE, M. B.; CAGLIARI, L. C. Textos espontâneos na primeira série. *Cadernos CEDES*. São Paulo: Cortez, n. 14, p. 25-29, 1999.

ABAURRE, M. B.; FIAD, R. S.; SABINSON-MAYRINK, M. L. *Cenas de aquisição da escrita*. Campinas: Mercado das Letras, 1996.

ALVARENGA, D. Leitura e escrita: dois processos distintos. *Educação em Revista*. Belo Horizonte n. 7, p. 27-31, jul. 1988.

BARBOSA, J. J. *Alfabetização e leitura*. São Paulo: Cortez, 1991.

BECKER, F. *Da ação à operação: o caminho da aprendizagem em J. Piaget e P. Freire*. Porto Alegre: EST, Palmarinca, Educação e Realidade, 1993.

BRASLAVSKY, B. *Escola e alfabetização: uma perspectiva didática*. São Paulo: UNESP, 1993.

CAGLIARI, L. C. *Alfabetização e linguística*. São Paulo: Scipione, 1989.

CASTORINA, J. A. et al. *Piaget – Vygotsky: novas contribuições para o debate*. São Paulo: Ática, 1995.

CEALE – Centro de Alfabetização, Leitura e Escrita da Faculdade de Educação/UFMG. *Coleção Alfabetização e Letramento*. Belo Horizonte: Ceale/FaE/UFMG, 2005-2008.

CEALE – Centro de Alfabetização, Leitura e Escrita da Faculdade de Educação/UFMG. *Coleção Instrumentos da Alfabetização*. Belo Horizonte: Ceale/FaE/ UFMG, 2005-2007.

CEALE – Centro de Alfabetização, Leitura e Escrita/INEP. *Confronto entre a produção científica sobre construtivismo e alfabetização e a prática pedagógica na escola pública.* Belo Horizonte: Ceale/FaE/UFMG, 1993.

FARACO, C. A. *Escrita e alfabetização.* São Paulo: Contexto, 1994.

FERREIRO, E. (Org.). *Os filhos do analfabetismo: propostas para a alfabetização escolar na América Latina.* Porto Alegre: Artes Médicas, 1990.

FERREIRO, E. *Reflexões sobre alfabetização.* São Paulo: Cortez, 1995.

FERREIRO, E.; TEBEROSKY, A. *A psicogênese da língua escrita.* Porto Alegre: Artes Médicas, 1985.

FOUCAULT, M. *A ordem do discurso: aula inaugural no Collège de France, em 2/12/70.* Tradução de Sírio Possenti. Campinas, 1993. (Mimeo).

FRANCHI, E. *E as crianças eram difíceis: a redação na escola.* São Paulo: Martins Fontes, 1984.

GARCÍA, G. La alfabetización como espacio de conflicto teórico: dos enfoques alternativos – el psicogenético y el didáctico. *Lectura y vida.* Buenos Aires, v. 14, n. 2, p. 29-34, jun. 1993.

GARNIER, C. *et al. Após Vygotsky e Piaget: perspectivas social e construtivista – Escolas Russa Ocidental.* Porto Alegre: Artes Médicas, 1996.

GROSSI, E. P. *Didática da alfabetização.* Rio de Janeiro: Paz e Terra, 1990. 3 v.

KATO, M. A. *A concepção da escrita pela criança.* Campinas: Pontes, 1988.

KATO, M. A. *No mundo da escrita: uma perspectiva psicolinguística.* São Paulo: Ática, 1986.

KLEIMAN, A. *Texto e leitor: aspectos cognitivos da leitura.* Campinas: Pontes, 1989.

KOCH, I. V. *A coesão textual.* São Paulo: Contexto, 1990.

KOCH, I. V.; TRAVAGLIA, L.C. *Coerência textual.* São Paulo: Contexto, 1989.

LA TAILLE, Y. *et al. Piaget, Vygotsky, Wallon: teorias psicogenéticas em discussão.* São Paulo: Summus,1992.

LEMLE: M. *Guia teórico do alfabetizador.* São Paulo: Ática, 1991.

LIMA, E. S. Do indivíduo e do aprender: algumas considerações a partir da perspectiva sociointeracionista. *Educação em Revista.* Belo Horizonte, n. 12, p. 14-20, dez. 1990.

REFERÊNCIAS

LURIA, A. R. *Linguagem e desenvolvimento intelectual na criança*. Porto Alegre: Artes Médicas, 1985.

LURIA, A. R. O desenvolvimento da escrita na criança. In: VYGOTSKY, L. S. et al. *Linguagem, desenvolvimento e aprendizagem*. São Paulo: Ícone, 1991. p. 143-189.

LURIA, A. R. *Pensamento e linguagem: as últimas conferências de Luria*. Porto Alegre: Artes Médicas, 1986.

MORA, J. F. *Diccionário de filosofia*. v. 1. Madri: Alianza, 1981.

NOT, Louis. *As pedagogias do conhecimento*. São Paulo: Difel, 1979.

NUNES, T. Construtivismo e alfabetização: um balanço crítico. *Educação em Revista*. Belo Horizonte, n. 12, p. 33-43, dez. 1990.

OLIVEIRA, M. A. *Conhecimento linguístico e apropriação do sistema de escrita*. Belo Horizonte: Ceale/FaE/UFMG, 2005.

PIAGET, J. (1970a). *A epistemologia genética*. São Paulo: Abril, 1975. (Col. Os Pensadores.)

PIAGET, J. (1972). *Problemas de psicologia genética*. São Paulo: Abril, 1975. (Col. Os Pensadores.)

PIAGET, J. Psicogênese dos conhecimentos e seu significado epistemológico. In: PIATELLI-PALMARINI, M. *Teorias da linguagem, teorias da aprendizagem: o debate entre Piaget e Chomsky*. São Paulo: Cultrix, 1983. p. 39-49.

PIAGET, J. (1970b). *Psicologia e epistemologia*. Rio de Janeiro: Forense, 1971.

PIAGET, J.; GRÉCO, P. (1959). *Aprendizagem e conhecimento*. Rio de Janeiro: Freitas Bastos, 1974.

RIBEIRO, V. M. (Org.). *Letramento no Brasil*. São Paulo: Global, 2003.

SILVA, T. T. Desconstruindo o construtivismo pedagógico. *Educação e Realidade*. Porto Alegre, v. 18, n. 2, p. 3-10, jul./dez. 1993.

SOARES, M. B. *Alfabetização no Brasil: o estado do conhecimento*. Brasília: INEP/REDUC, 1989.

TASCA, M. et al. *Desenvolvendo a língua falada e escrita*. Porto Alegre: Sagra, 1990.

TEBEROSKY, A.; CARDOSO, B. (Orgs.). *Reflexões sobre o ensino da leitura e da escrita*. São Paulo: Trajetória Cultural; Campinas: UNICAMP, 1989.

VASCONCELLOS, V. M. R.; VALSINER, J. *Perspectiva construtivista na psicologia e na educação*. Porto Alegre: Artes Médicas, 1995.

VYGOTSKY, L. S. *A formação social da mente*. São Paulo: Martins Fontes, 1984.

VYGOTSKY, L. S. *Pensamento e linguagem*. São Paulo: Martins Fontes, 1987.

VYGOTSKY, L. S.; LURIA, A. R.; LEONTIEV, A. N. *Linguagem, desenvolvimento e aprendizagem*. São Paulo: Ícone/Edusp, 1988.

Bibliografia comentada

As referências que se seguem englobam leituras pertinentes aos pressupostos psicológicos do **construtivismo** e às práticas pedagógicas associadas a esse referencial. São sugestões restritas e parciais, tendo em vista a extensão da produção nessa área de conhecimento. O critério de seleção das obras contempla basicamente as condições objetivas de acesso dos educadores a essas referências e a perspectiva de síntese dos focos destacados.

A organização proposta abrange quatro blocos temáticos:

A. Visão global das **bases epistemológicas** subjacentes às concepções de desenvolvimento e aprendizagem, com o objetivo de situar o construtivismo no conjunto de outros modelos psicológicos ou ideários pedagógicos.

B. Focalização da **teoria psicogenética piagetiana** com o objetivo de identificar seus pressupostos mais relevantes através de obras de síntese de autoria do próprio Piaget ou de interpretações de sua teoria por outros autores.

C. Focalização da **abordagem sociocultural ou sociointeracionista**, com o objetivo de identificar pressupostos básicos da psicologia soviética em obras de Vygotsky, Luria e Leontiev ou de sínteses mais abrangentes sobre esse referencial.

D. Focalização da **abordagem linguística da aquisição da escrita** com o objetivo de apresentar algumas referências importantes para a formação continuada de alfabetizadores em conhecimentos linguísticos essenciais ao trabalho com alfabetização.

E. Articulação dos referenciais teóricos focalizados com a **prática pedagógica** e com processos psicológicos pertinentes ao ensino e à aprendizagem. Neste último bloco incluem-se referências mais genéricas a apropriações das teorias psicogenéticas e socioculturais em áreas diversas; privilegia-se, contudo, o campo da linguagem e da alfabetização, por sua maior consolidação no contexto construtivista.

A. Para uma visão global de concepções epistemológicas que fundamentam teorias psicológicas de desenvolvimento/aprendizagem

1. BECKER, F. *A epistemologia do professor: o cotidiano da escola*. Petrópolis, RJ: Vozes, 1993.

O autor é professor da Universidade Federal do Rio Grande do Sul, e a obra em foco resulta da pesquisa por ele desenvolvida junto a educadores de vários níveis de ensino, buscando compreender as bases da epistemologia do professor – "o conhecimento que ele tem do conhecimento". O estudo faz uma revisão de concepções empiristas e aprioristas de aprendizagem, fundamentando-se no referencial construtivista piagetiano e identificando representações dominantes. Discute ainda o significado das concepções docentes para o cotidiano da escola e para a formação do professor.

2. CASTORINA, J. A.; FERREIRO, E.; LERNER, D.; OLIVEIRA, M. K. *Piaget-Vygotsky: novas contribuições para o debate*. São Paulo: Ática, 1995.

Trata-se de uma coletânea de textos de quatro autores que vêm se dedicando nas últimas décadas a estudos e pesquisas nos campos da psicologia genética e sociocultural, envolvidos com o debate de seus princípios epistemológicos e suas contribuições para a educação. O aspecto de destaque é a avaliação bastante atual de semelhanças e diferenças entre os referenciais teóricos de Piaget e Vygotsky, buscando-se a superação de falsas oposições. Além disso, o livro representou um marco na celebração do centenário de nascimento desses dois teóricos em 1996.

3. COLL, C. et al. *Desenvolvimento psicológico e educação: psicologia evolutiva*. Porto Alegre: Artes Médicas, 1995. 2v.

Trata-se de uma vasta produção com parceria de diversos autores, coordenados por César Coll (Barcelona, Espanha), um expressivo nome da psicologia e da psicopedagogia, associado ao último grupo de orientandos e colaboradores de Piaget, em Genebra e consultor de inúmeros projetos e produções brasileiras. A obra se organiza em dois volumes: o primeiro se centra na análise de processos psicogenéticos longitudinais, da infância à fase adulta; o segundo é essencialmente de caráter pedagógico, apresentando questões de amplo interesse à psicologia da educação, às práticas educativas em geral, às abordagens de aprendizagem, ensino e interação no contexto escolar.

4. LA TAILLE, Y. et al. *Piaget, Vygotsky, Wallon: teorias psicogenéticas em discussão*. São Paulo: Summus, 1992.

A obra é uma coletânea de estudos produzidos por professores da Universidade de São Paulo e oferece uma visão global das teorias de três expoentes da abordagem psicogenética: Piaget, Wallon e Vygotsky. São destacadas as relações entre fatores biológicos e sociais e entre afetividade e cognição, na gênese do desenvolvimento.

5. LEITE, L. B. (Org.). *Piaget e a escola de Genebra*. São Paulo: Cortez, 1987.

Coletânea de textos do próprio Piaget e de vários de seus orientandos e colaboradores, em trabalhos realizados nas linhas de pesquisa da Escola de Genebra. A estrutura da obra permite uma revisão teórica de conceitos e processos básicos (primeira parte), uma síntese de pesquisas representativas do referencial (segunda parte) e um conjunto de aplicações a diversos campos e contextos (terceira parte). O anexo bibliográfico oferece importante contribuição para a localização cronológica das publicações originais de Piaget e de suas versões em língua portuguesa.

6. NOT, L. *As pedagogias do conhecimento*. São Paulo: Difel, 1981.

Trata-se de obra já clássica no campo de análise das tendências ou dos ideários pedagógicos, centrando-se em questões epistemológicas fundamentais, tais como a relação do sujeito com o objeto de conhecimento, a natureza do conhecimento em diversas áreas e os fundamentos dos métodos pedagógicos. Um aspecto de especial interesse é a distinção entre processos de autoestruturação e heteroestruturação do conhecimento – uma visão atual e necessária à compreensão mais profunda das tendências construtivistas e de seu confronto com outras tendências.

B. Para focalização da abordagem psicogenética de Piaget

1. DOLLE, J.-M. *Para compreender Jean Piaget: uma iniciação à psicologia genética piagetiana*. Rio de Janeiro: Zahar, 1981.

O livro é apresentado pelo próprio autor como um "fio condutor" ou como obra de consulta para localizar o leitor nos principais pressupostos teóricos e metodológicos da teoria psicogenética de Piaget. Nesse sentido, é uma contribuição à organização didática e sintética do núcleo desse referencial: suas bases epistemológicas, históricas e conceituais, as características do método "clínico", a gênese das estruturas do pensamento, na transição da ação à simbolização e desta à operação mental.

2. PIAGET, J. *A psicologia da criança*. Rio de Janeiro: Difel, 1968.

Uma das raras obras de síntese do próprio Piaget, na qual são apresentados os estágios do desenvolvimento cognitivo, com suas estruturas características. Para fundamentação da psicogênese da aquisição da escrita, merece especial atenção o terceiro capítulo, voltado para as funções simbólicas ou de representação (imitação, jogo, desenho, imagem mental e linguagem).

3. PIAGET, J. *Seis estudos de psicologia*. Rio de Janeiro: Forense, 1969.

Esta é outra obra clássica de Piaget, com explícita intenção de síntese, organizada em duas partes: a primeira sistematiza características dos estágios cognitivos; a segunda apresenta problemas teóricos do campo da Psicologia Genética, incluindo análise das relações entre linguagem e pensamento.

4. PIAGET, J. *A formação do símbolo na criança: imitação, jogo e sonho, imagem e representação*. Rio de Janeiro: Zahar, 1971.

O foco da obra é a gênese da função simbólica ou de representação e de suas manifestações, especialmente a imitação, o jogo e a imagem mental. São aprofundadas as articulações com outros processos mentais, inclusive os de nível inconsciente, com interessantes paralelismos com a abordagem psicanalítica.

5. PIAGET, J. A epistemologia genética. Problemas de psicologia genética. São Paulo: Abril, 1975. (Col. Os pensadores).

Publicadas originalmente no início da década de 1970, as traduções dessas obras aparecem integradas em um só volume da referida coleção. Sistematizam as críticas de Piaget às concepções epistemológicas já apresentadas no primeiro bloco desta bibliografia e apresentam os pressupostos do que ele denomina de "epistemologia genética", "psicologia genética" ou "construtivismo dialético". Também poderá ser encontrada detalhada análise dos estágios ou estruturas do desenvolvimento cognitivo.

C. Para focalização da abordagem sociocultural (psicologia soviética)

1. BOCK, A. M. B.; GONÇALVES, M. G.; FURTADO, O. (Orgs.). Psicologia sócio-histórica: uma perspectiva crítica em psicologia. São Paulo: Cortez, 2002.

Os capítulos desta obra são produções de pesquisadores da PUC de São Paulo, estudiosos da psicologia sócio-histórica, que apresentam os fundamentos teóricos e metodológicos dessa abordagem, articulados a várias dimensões da prática pedagógica e clínica.

2. LURIA, A. R.; YUDOVICH, F. I. Linguagem e desenvolvimento intelectual na criança. Porto Alegre: Artes Médicas, 1985.

3. LURIA, A. R. Pensamento e linguagem: as últimas conferências de Luria. Porto Alegre: Artes Médicas, 1986.

Essas duas obras reúnem o núcleo da produção de Luria em relação à linguagem, prosseguindo investigações iniciadas em parceria com Vygotsky e aprofundando suas análises teóricas. Destaca-se sua abordagem do papel regulador da linguagem na estruturação das funções psicológicas superiores. Vários capítulos são dedicados ao detalhamento da gênese desses processos e de conceitos relevantes como *significado/sentido* e *pensamento categorial*.

4. OLIVEIRA, M. K. Vygotsky: aprendizado e desenvolvimento – um processo sócio-histórico. São Paulo: Scipione, 1993.

A autora, professora da USP, apresenta uma abordagem clara e didática da teoria de Vygotsky, com referências detalhadas a outros teóricos soviéticos, além de paralelismos e confrontos com a teoria de Piaget. Após contextualização histórica da teoria, são analisados seus pressupostos básicos e as articulações entre biológico/cultural; pensamento/linguagem; desenvolvimento/aprendizado.

5. VYGOTSKY, L. S. *A formação social da mente: o desenvolvimento dos processos psicológicos superiores*. São Paulo: Martins Fontes, 1984.

Trata-se de uma coletânea clássica dos principais ensaios produzidos por Vygotsky, organizada por pesquisadores americanos especializados em sua obra. A primeira parte do livro, sobre "Teoria básica e dados experimentais", concentra-se no papel do instrumento e do símbolo, na gênese e internalização das funções psicológicas superiores e na discussão metodológica das pesquisas de Vygotsky. No segundo bloco, são analisadas as implicações educacionais da teoria – interação entre aprendizado/desenvolvimento, papel do brinquedo no desenvolvimento e a pré-história da linguagem escrita (aspectos extremamente relevantes no campo da psicogênese do conhecimento e da intervenção pedagógica).

6. VYGOTSKY, L. S. *Pensamento e linguagem*. São Paulo: Martins Fontes, 1987.

Trabalho central de Vygotsky, produzido originalmente como monografia, com foco na relação entre pensamento e linguagem e em suas raízes genéticas. Apresenta revisão crítica de outras teorias sobre o assunto, incluindo a de Piaget – com as conhecidas divergências vygotskyanas em torno das noções de discurso egocêntrico e discurso interior, bem como a réplica de Piaget, apresentada em apêndice. O livro enfatiza ainda a formação de conceitos (espontâneos/científicos). No último capítulo, há ótima síntese das relações entre pensamento e linguagem, com elementos imprescindíveis à compreensão da aquisição da escrita.

7. VYGOTSKY, L. S.; LURIA, A. R.; LEONTIEV, A. N. *Linguagem, desenvolvimento e aprendizagem*. São Paulo: Ícone/Edusp, 1988.

Trata-se de coletânea de textos dos três maiores expoentes da psicologia soviética. As contribuições de Leontiev são sistematizadas a partir de suas concepções sobre atividade e consciência e sobre a importância da brincadeira pré-escolar. Luria apresenta não só um amplo estudo biográfico de Vygotsky, analisa as bases do funcionamento do cérebro humano, mas também um extenso estudo sobre o desenvolvimento da escrita na criança, fortemente precursor da "psicogênese" consolidada por Emília Ferreiro. Há apenas um texto de Vygotsky, já publicado em outras coletâneas

("Aprendizagem de desenvolvimento intelectual"), cujo foco se estrutura em tomo da noção de "zona de desenvolvimento proximal ou potencial".

D. Para focalização da abordagem linguística da aquisição da escrita

1. CAGLIARI, L. C. *Alfabetização e linguística*. São Paulo: Scipione, 1989.

2. CAGLIARI, L. C. *Alfabetizando sem o ba, be, bi, bo, bu...* São Paulo: Scipione, 1997. (Série Pensamento e ação no magistério).

3. CAGLIARI, L. C.; MASSINI-CAGLIARI, G. *Diante das letras: a escrita na alfabetização*. Campinas: Mercado de Letras, 1999.

Estes livros são fundamentais para a compreensão de aspectos linguísticos que envolvem a alfabetização. O primeiro deles, *Alfabetização e linguística*, teve sua edição inicial em 1989, em período de grande turbulência da adesão ao construtivismo. Nele o Prof. Cagliari firma seu posicionamento sobre a importância dos conhecimentos linguísticos como base para os métodos de ensino e para a aprendizagem dos alunos, no processo de alfabetização. Os conceitos básicos desse campo são relacionados à escrita e à leitura, e a "fala" é analisada desde os mecanismos físicos até as questões relacionadas ao dialeto padrão. O segundo livro, lançado dez anos depois, é voltado para a formação do professor alfabetizador e reflete as principais discussões pertinentes à linguagem oral e escrita e aos métodos de alfabetização. Inúmeras questões de ordem prática são exploradas na obra. Essas questões são retomadas na terceira obra, que se centra na abordagem da escrita e em suas implicações linguísticas e pedagógicas.

4. CEALE. Centro de Alfabetização, Leitura e Escrita da Faculdade de Educação/UFMG. *Coleção Instrumentos da Alfabetização*. Belo Horizonte: Ceale/FaE/UFMG, 2005-2008. 8v.

Trata-se de uma coleção destinada à formação continuada dos alfabetizadores, organizada em torno da reflexão sobre propostas de trabalho para os três anos iniciais do ensino fundamental de nove anos. Na perspectiva linguística, é essencial a leitura do segundo volume, que analisa capacidades e conhecimentos indispensáveis para que uma criança seja considerada alfabetizada.

Os demais volumes da coleção se fundamentam nessas capacidades para a reflexão sobre o planejamento, a avaliação e o acompanhamento dos processos de alfabetização e letramento.

5. CEALE. Centro de Alfabetização, Leitura e Escrita da Faculdade de Educação/UFMG. *Coleção Alfabetização e Letramento*. Belo Horizonte: Ceale/FaE/UFMG, 2005-2008. 15v.

Esta coleção apresenta as finalidades da formação de professores e especialistas das escolas públicas de ensino fundamental envolvidos com os processos de alfabetização e letramento. A estrutura em módulos e as detalhadas propostas didáticas destinadas aos formadores permitem atendimento flexível a demandas de diferentes contextos. Na perspectiva linguística, é importante a leitura do volume produzido pelo prof. Marco Antonio de Oliveira, "Conhecimento linguístico e apropriação do sistema de escrita" (2005), que enfatiza as relações entre os aspectos ortográficos do português escrito e o sistema fonológico do português, além de apresentar uma relevante classificação dos problemas de escrita.

Outros volumes abordam concepções teóricas e metodológicas que fundamentam o planejamento e a organização do trabalho escolar em torno dos eixos da leitura, da escrita e da oralidade.

6. FARACO, C. A. *Escrita e alfabetização*. São Paulo: Contexto, 1994.

Este é mais um livro que deveria ser bem trabalhado na formação de professores alfabetizadores. O autor expõe os princípios que estruturam o sistema gráfico do português, mostrando as implicações desses princípios para apropriação do sistema de escrita alfabética. Além de descrever minuciosamente a relação entre sons e letras, nesse sistema, apresenta algumas orientações para a sistematização do ensino nessa área.

E. Para articulação com a prática pedagógica e com processos psicológicos pertinentes ao ensino-aprendizagem

1. ALENCAR, E. S. (Org.). *Novas contribuições da psicologia aos processos de ensino e aprendizagem*. São Paulo: Cortez, 1993.

A obra reúne textos de autores bastante conhecidos no contexto educacional brasileiro por seus trabalhos em inúmeras linhas de pesquisas associadas à psicologia e à educação (Analúcia Schlieman, Ana Luiza Smolka, Maria Cecília de Góes, David Carraher, Lino de Macedo, Terezinha Nunes, entre outros). Como já indicado no próprio título, trata-se de um conjunto de aplicações da psicologia a diversos campos do conhecimento e da prática educacional. Destacam-se processos de aprendizagem nos campos da leitura e da escrita (produção textual) e conceitos matemáticos. Na perspectiva do ensino, focalizam-se diferentes metodologias, estendendo-as à área de educação especial. Contemplam-se diferentes abordagens ou tendências pedagógicas, incluindo a perspectiva construtivista.

2. CARRAHER, T. N. (Org.). *Aprender pensando: contribuições da psicologia cognitiva para a educação.* Petrópolis, RJ: Vozes, 1986.

O livro é uma referência na reflexão sobre apropriações da psicologia no campo da educação. Oferece uma abordagem introdutória da utilização do método clínico piagetiano no contexto pedagógico, explorando conceitos essenciais à escolarização básica. Sistematiza condições cognitivas relevantes para uma alfabetização em nível conceitual, incluindo uma discussão pioneira na década de 1980 sobre o impacto do *realismo nominal* na alfabetização. A segunda parte da obra se dedica ao campo da matemática, enfatizando processos de aprendizagem e ensino que valorizem a efetiva compreensão e o pensamento operatório.

3. FERREIRO, E. A representação da linguagem e o processo de alfabetização. *Cadernos de Pesquisa.* São Paulo, n. 52, p. 7-17, fev. 1985a.

Artigo que marcou significativamente os rumos do trabalho pedagógico no contexto brasileiro, como uma das primeiras sínteses, traduzidas para o português, da obra de Emília Ferreiro. Nele são apresentadas as conclusões básicas dos trabalhos desenvolvidos por essa pesquisadora argentina, sua posição teórica sobre a psicogênese da escrita na criança e as implicações dessas concepções para a prática docente.

4. FERREIRO, E. *Reflexões sobre alfabetização.* São Paulo: Cortez, 1985b.

Trata-se de uma condensação da teoria de Emília Ferreiro, bastante clara e acessível, reunindo quatro trabalhos produzidos em momentos diferentes, igualmente voltados para a compreensão da psicogênese da escrita da criança e para a reflexão sobre a intervenção educativa, a partir da pré-escola. O primeiro capítulo da obra é o mesmo artigo anteriormente citado, publicado nos Cadernos de Pesquisa (52).

5. FERREIRO, E.; TEBEROSKY, Ana. *A psicogênese da língua escrita*. Porto Alegre: Artes Médicas, 1985.

Descrição das investigações básicas de Emília Ferreiro, sobre a aquisição da língua escrita, em parceria com Teberosky, pesquisadora do Instituto Municipal de Educação de Barcelona (Espanha). As análises são pistas significativas para o trabalho de alfabetizadores, frente à psicogênese dos processos ligados à leitura e à escrita.

6. GARNIER, C. *et al. Após Vygotsky e Piaget: perspectiva social e construtivista – Escolas Russa e Ocidental*. Porto Alegre: Artes Médicas, 1996.

A obra é uma coletânea original e um importante marco no ano do centenário de nascimento de Piaget e Vygotsky (1996). Nela estão representados pesquisadores ocidentais (europeus e americanos de diversos centros) e pesquisadores russos, da Escola de Moscou. Essa ligação entre Leste e Oeste ou "dois lados do Atlântico" – por muito tempo separados e até polarizados, como enfatizam os próprios autores -, visa a um "balanço" das posições atuais das gerações de pesquisadores "pós-Piaget" e "pós-Vygotsky". Essa avaliação se refere a características que distinguem as diversas escolas, mas que também permitem aproximações e contribuições recíprocas. A estrutura do livro contempla três partes: síntese dos trabalhos da escola ocidental, síntese dos trabalhos da escola soviética, consequências pedagógicas das duas perspectivas (com destaque para atividades coletivas). A leitura da obra é indicada para aprofundamento crítico nas teorias focalizadas e para estudos sobre aquisição ou construção de conceitos científicos, especialmente na área de física e matemática.

7. KAMII, C.; DEVRIES, R. *Jogos em grupo na educação infantil: implicações da teoria de Piaget*. São Paulo: Trajetória Cultural, 1991.

A obra focaliza o jogo como atividade poderosa no plano social e na atividade da criança. Fundamentada no referencial piagetiano, destaca aspectos que também serão essenciais a qualquer abordagem sociointeracionista: a importância do grupo, das trocas interindividuais e do papel do adulto (professor) na construção do conhecimento. Apresenta inúmeros exemplos concretos de jogos, bem como possíveis ações/intervenções do professor.

8. RIBEIRO, V. M. *Ensinar ou aprender: Emília Ferreiro e a alfabetização.* Campinas, SP: Papirus, 1993. (Col. Magistério, Formação e Trabalho Pedagógico.)

Baseada na dissertação de mestrado da autora (PUC/SP), a obra focaliza a teoria de Emília Ferreiro. Analisa os fundamentos psicogenéticos piagetianos dessa abordagem e busca identificar suas insuficiências no estudo da aquisição da escrita, à luz de outras orientações teóricas, como a sócio-histórica.

9. SMOLKA, A. L. B. *A criança na fase inicial da escrita: a alfabetização como processo discursivo.* São Paulo: Cortez; Campinas: UNICAMP, 1989.

Obra derivada de tese dessa professora e pesquisadora da Unicamp /SP, com expressiva produção na perspectiva sócio-histórica. Enfatiza dimensões como mediação semiótica, interlocução e produção de sentidos no espaço da sala de aula. Oferece contribuição clara e relevante para a reflexão de professores sobre sua própria prática e suas relações com o conhecimento dos alunos, especialmente no campo da linguagem.

10. SMOLKA, A. L.; GÓES, C. (Orgs.). *A linguagem e o outro no espaço escolar: Vygotsky e a construção do conhecimento.* Campinas, SP: Papirus, 1993. (Col. Magistério, formação e trabalho pedagógico).

Trata-se de coletânea de estudos de pesquisadores da UNICAMP/ SP, sobre o processo de conhecimento no espaço pedagógico, na perspectiva sócio-histórica. São abordadas diversas situações interativas, tematizando-se a produção simbólica, as interlocuções ou mediações pelos outros, a construção conceitual e a produção (social) do autoconceito dos alunos. Em todas essas dimensões estão presentes articulações entre oralidade/escrita ou leitura/escrita.

QUALQUER LIVRO DO NOSSO CATÁLOGO NÃO ENCONTRADO NAS LIVRARIAS PODE SER PEDIDO POR CARTA, FAX, TELEFONE OU PELA INTERNET.

Rua Aimorés, 981, 8° andar – Funcionários
Belo Horizonte-MG – CEP 30140-071

Tel: (31) 3222 6819
Fax: (31) 3224 6087
Televendas (gratuito): 0800 2831322

vendas@autenticaeditora.com.br
www.autenticaeditora.com.br

ESTE LIVRO FOI COMPOSTO COM TIPOGRAFIA MINION E IMPRESSO EM PAPEL OFF SET 75 G NA FORMATO ARTES GRÁFICAS.